基于创新资本视角的中国区域经济增长研究

Research on China's Regional Economic Growth from the Perspective of Innovative Capital

朱焕焕◎著

经济管理出版社
ECONOMY & MANAGEMENT PUBLISHING HOUSE

图书在版编目（CIP）数据

基于创新资本视角的中国区域经济增长研究／朱焕焕著. —北京：经济管理出版社，2020.9
ISBN 978-7-5096-7490-1

Ⅰ.①基…　Ⅱ.①朱…　Ⅲ.①区域经济—经济增长—研究—中国　Ⅳ.①F127

中国版本图书馆CIP数据核字（2020）第163668号

组稿编辑：赵亚荣
责任编辑：赵亚荣
责任印制：黄章平
责任校对：王纪慧

出版发行：经济管理出版社
（北京市海淀区北蜂窝8号中雅大厦A座11层　100038）
网　　址：www.E-mp.com.cn
电　　话：（010）51915602
印　　刷：唐山昊达印刷有限公司
经　　销：新华书店
开　　本：720mm×1000mm /16
印　　张：10.25
字　　数：158千字
版　　次：2020年12月第1版　　2020年12月第1次印刷
书　　号：ISBN 978-7-5096-7490-1
定　　价：68.00元

联系地址：北京阜外月坛北小街2号
电话：（010）68022974　　邮编：100836

前　言

对经济增长源泉的探究一直是经济学家们孜孜不倦研究的重要内容。内生经济增长理论揭示了创新资本生产已经成为继物质资本投入和劳动力投入后又一促进经济增长的重要源泉。改革开放以来，中国经济依靠资源要素投入和资本投入实现了迅猛发展，取得了令世人瞩目的成绩，但同时我们也要看到，近年来我国人口红利、规模经济和资源要素等优势逐渐削弱，内需不足导致投资乏力，依靠资源要素投入和资本投入的粗放型经济增长方式已经难以为继，转变经济增长模式，推动经济高质量发展成为当前中国政府最迫切的任务之一。

波特的国家竞争优势理论指出，一国或地区经济从粗放向集约发展大致要经历自然要素驱动、投资驱动、创新驱动和财富驱动四个阶段。世界各国经济发展实践也表明，凡是能够抓住科技革命机会的国家都获得了快速发展，也就是说，科技进步和研发生产在长期经济增长中发挥着重要作用，如英国、美国分别通过参与第一、第二次科技革命迅速崛起。以信息技术与创新为特征的第三次科技革命还在进行中，它是人类文明史上继蒸汽技术革命和电力技术革命之后科技领域里的又一次重大飞跃，不仅极大地推动了人类社会经济、政治、文化领域的变革，而且也影响了人类生活方式和思维方式，使人类社会生活和人的现代化向更高境界发展。中国错过了第一次和第二次科技革命，抓住第三次科技革命，实现中国经济增长方式转型是当前中国政府面临的重要任务。

首先，本书对创新资本的概念和内涵进行了界定，指出创新资本是指资本在成本降低和规模扩张上不再具有潜力的情况下，跳出原有的商品领域进入到研发领域中，用以开发出新产品、改善产品、优化管理模式、优化生产要素投入结构、提高生产效率等，从而获得超额利润和创新利润的那部分资本。其不仅包括政府对研发的投入，还包括企业研发投入及开放经济条件下通过国际贸易、外商直接投资等途径从国外获得的创新溢出等。紧接着，本书根据创新资本与经济增长发展历程对相关理论和经验研究文献进行了梳理。总的来说，创新对于经济增长的重要作用已经从理论和实证角度得到了较全面的论证，但关于创新资本各要素与经济增长之间的关系尚未得到统一的结论。其次，本书通过建立一个包含最终产品生产部门、中间产品生产部门和研发生产部门的三部门生产函数，并将创新资本纳入到模型中得到了均衡经济增长率。然后，本书对近年来中国区域创新资本的空间分布特征进行了分析，并利用中国内地 2004~2014 年 30 个省级行政单位（不包括西藏自治区）的面板数据进行了实证分析，结果显示，物质资本和劳动力投入对中国经济增长的贡献度正逐渐下降，创新资本对中国经济增长发挥着重要作用，但就实证结果来看，现阶段我国自主创新能力依然不足，这是制约未来中国经济稳定可持续发展的重要因素。创新溢出对中国经济增长的促进作用不容小觑，尤其以国内区域间的创新溢出最为突出，以物化型创新为表现的国外创新溢出次之，进口贸易作用最大，外商直接投资次之，出口贸易最小。再次，本书在分析中国区域创新资本现状及存在的问题的基础上，就促进创新资本对经济增长的作用提出了相应的政策建议，如：不断优化创新环境，强化企业创新主体地位；加大科教投入，完善人才培养体系；加强国际科技交流与合作等。最后，本书对研究存在的不足及后续研究的可能方向进行了展望。

目　录

第一章

导 论

第一节 问题的提出

对经济增长的研究是经济学领域里最核心、最热点，也是经济学家和政府决策制定者最感兴趣的问题之一，这已经得到了大家的广泛共识。经济增长理论是在众多经济学理论学者和实际践行者对经济增长源泉问题不断探索的过程中建立和发展起来的。起初，经济学家们对这样一种现象感到疑惑，即为什么在同一时期，有些国家（地区）经济十分富裕，而另一些国家（地区）则相对比较贫穷落后？为什么同一个国家（地区）在经济发展的不同阶段其经济增长率也存在巨大的差距？不仅学术界对经济增长的问题十分感兴趣，政府相关政策制定者对这一问题也非常关注，因为弄清楚这些问题不仅有利于政策制定者“对症下药”，从而提高政策的有效性，而且对提高一国经济综合实力和国际竞争力、保持经济长期稳定健康发展也具有十分重要的理论意义和现实意义。1995 年，诺贝尔经济学奖获得者卢卡斯（Lucas）就曾说过：人们一旦开始思考经济增长这一问题，就很难再去思考其他问题。经济增长理论的“迷人”之处由此可见一斑。这也是为什么经济增长经过这么长时间的发展依然是经济学领域里历久弥新的研究领域。本书正是笔者基于对经济增长问题的兴趣同时结合当前中国经济增长及区域发展的实际，尤其是改革开放以来中国经济发展突飞猛进，取得了令世界各国为之惊叹的成就，分析和探寻中国区域经济长期增长的驱动力量，为未来保持中国经济长期稳定增长，促进区域协调发展提供一定的思路和指导。

美国哈佛大学商学院、著名经济学家迈克尔·波特（Michael E. Porter，1990）通过分析世界各国经济发展历程提出了“国家竞争优势理论”。波特在国家竞争优势理论中指出，一个国家（或地区）经济增长方式从粗放型向集约型转变大致要经历四个重要阶段：基本要素驱动发展阶段（在该阶段中，一国的经济增长主要依靠本国自然禀赋资源）、投资驱动发展阶段（在经历了前一阶段的发展后，一方面，一国自然资源得到了极大的消耗，自然资源禀赋已经难以维持经济的进一步发展；另一方面，一国资本积累得到了极大的丰富，对剩余价值的孜孜追求使资本家开始通过投资扩大社会再生产以获取更多的剩余价值）、创新驱动发展阶段（在这一阶段，简单的物质资本投入已经难以维持经济的进一步发展，而以技术创新、产品创新、管理创新、制度创新等为主要内容的创新资本的生产成为了这一阶段驱动经济增长的重要力量）和财富驱动发展阶段（在这一阶段，物质财富得到极大满足，经济发展更多追求的是个性的全面发展和生活享受，经济增长速度开始变得缓慢，甚至出现停滞或下降）。马克思、恩格斯曾在《共产党宣言》中指出，资产阶级在它不到一百年的阶级统治中所创造的生产力，比过去一切世代创造的全部生产力还要多，还要大。18世纪60年代起源于英国的工业革命标志着资产阶级的产生，人类经济社会从此发生了翻天覆地的变化，而在此相当长的时间内，受到社会生产力的限制，各国经济只是一种简单的再生产过程。更进一步地分析发现，在资产阶级产生和发展的初期阶段，优越的地理空间位置、丰富的自然资源要素禀赋对一国（地区）的经济增长发挥着决定性的作用，如西班牙、荷兰、葡萄牙等国家正是凭借其近海优势迅速成为“海上帝国”，英国则后来居上，号称“日不落帝国”。随后，资产阶级逐渐认识到资本积累对经济增长的重要作用，他们不断剥削工人劳动力，生产在扩大规模的基础上不断进行，资本积累成为该阶段经济增长的重要源泉。随着人类社会进入现代经济增长阶段，尤其是以美国等为代表的新型经济增长模式的兴起，各主要发达国家经济发展的组织和管理模式都发生了重要的变化，推动经济增长的驱动力量也已经从以往的地理空间位置、自然资源禀赋和物质资本积累等优势转向了以科技投入、研发创新、人力资本等创新资本积累为主要内容的经济增长模式。世界各国经济增长的实践和经济增长模式的转换为正确理解和把握现代经济增长理论的内在机制提供了现实基础。

改革开放以来，中国经济发生了翻天覆地的变化，取得了令世界为之惊叹的巨大成就，被称为“中国奇迹”。1978 年中国国内生产总值①仅为 3650.2 亿元人民币，2014 年中国国内生产总值就已经达到了 103132.8 亿元人民币，与 1978 年相比，增加了 27 倍之多，年均增长率达到了 9.73 个百分点。对于一个发展中国家而言，这样的快速发展堪称人类发展史上的一大奇迹。从经济发展的动力来源来看，大规模的资源要素投入和劳动力投入是这一时期中国经济高速发展的主要引擎，据测算，改革开放以来两者对中国经济增长的贡献率达 66.5%，这就意味着，创新、改革释放的制度红利等因素对经济增长的贡献率仅占 1/3 左右②。随着中国经济步入新常态，过度依靠自然资源和劳动力的传统经济增长模式的潜力已经快要消耗殆尽，主要表现在两个方面：一方面，随着中国人口结构加速转型，劳动力投入已经触顶回落。在计划生育政策等因素的影响下，20 世纪 80 年代以来中国人口生育率大幅走低，目前总和生育率已经远低于 2.1 的生育更替水平，受此影响，2012 年我国劳动人口（年龄在 15~59 岁）规模即出现了下降，到 2014 年已经连续三年减少，并且预计在未来较长的一段时间内，这一趋势并不能得到根本性的扭转，也就是说，长期以来推动中国经济增长的人口红利已经消耗殆尽。另一方面，资本投入增速不断下降，资本产出比日趋走高。调查数据显示，2014 年，中国固定资产投资额同比仅增长了 15.7%，与 2010 年相比下降了 8.7 个百分点。资本产出效率方面，由于存在大量的无效投资和严重的产能过剩，我国资本产出比出现显著上升势头，这也就意味着未来增加一单位产出所需要的投资水平在不断提高。在资源环境压力日益紧张、投资驱动乏力的形势下，传统的粗放型经济发展模式已经不能维持中国经济长期稳定增长，同时由于改革开放以

① 国内生产总值以 1978 年不变价格作为衡量标准。不变价格国内生产总值是把按当期价格计算的国内生产总值换算成按某个固定期（基期）价格计算的价值，从而使两个不同时期的价值进行比较时，能够剔除价格变化的影响，以反映物量变化，反映生产活动成果的实际变动，下同。

② http：//www.sic.gov.cn/News/455/5728.htm.

来不均衡的经济发展战略导致区域发展差距不断扩大，对社会安定和谐带来了严峻的挑战，保持中国经济长期稳定增长、促进区域协调发展、构建社会主义和谐社会是当前中国政府面临的最重要的任务和挑战。从世界各国发展实践来看，凡是能抓住科技革命机会的国家都获得了快速发展，如英国、美国分别通过参加第一、第二次科技革命迅速崛起。以信息技术与创新资本为特征的第三次科技革命当前还在进行中，中国错过了第一次和第二次科技革命，能否抓住第三次科技革命的难得机遇，关系着中国能否顺利实现经济增长方式转型，避免走入“中等收入陷阱”。因此，依托丰富的创新资源，激发创新潜力，提高创新资本产出效率是新常态下中国经济实现长期可持续发展的必然要求。

其实，早在 2006 年举办的全国科技大会上中国政府就提出了要建设创新型国家的战略目标。党的十八大则进一步将科技创新提高到关乎“国家发展全局核心”的重要地位，并提出了实施“创新驱动发展战略”。

以创新资本驱动经济增长的模式将成为未来中国经济转型的重要方向。从中国当前的经济社会发展现实来看，丰富的创新资源为实施创新驱动战略提供了强有力的保障。首先，在创新投入方面，2014 年中国 R&D 投入达 13400 亿元，占国内生产总值的比重达 2.1%，投入强度已经略高于欧盟等发达国家的平均水平。其次，在创新人力资本方面，从日益提高的高校教育经费投入来看，中国已经意识到并逐渐重视对创新人才的培育。2014 年中国各类高校毕业生达 727 万人次，是 2001 年同时期的 6.4 倍。规模如此庞大的高校毕业生队伍为各类创新活动输送着源源不断的高素质人力资源。最后，近年来中国创新能力得到了不断的提升。根据世界创新产权组织公布的数据，2014 年中国国际专利申请总数已经达到了 25539 件，比上年同期提高了 18.7 个百分点，国际专利申请数量位居世界第三，仅次于美国和日本。

第二节　研究意义

本书以创新资本为研究切入点扩展内生经济增长模型，并对区域经济长期增长的内在机理进行分析和阐述，同时希望对中国区域经济现实问题做出理论阐释。本书的研究意义主要包括理论和实践两个方面，具体体现在以下方面：

一、理论意义

首先，本书从经济学的角度对创新资本的概念进行了界定和分析。以技术进步为重要内容的创新早已进入经济学家们的研究视野。创新经济学的鼻祖约瑟夫·熊彼特（1912）早就意识到了创新对经济增长的重要作用，但由于缺乏实证检验，其关于创新对经济增长的作用研究还仅仅停留在概念的阐述上。创新资本的概念最早来源于会计学。从经济学研究视角出发，并不是所有创新都能成为资本，创新只有转化成创新资本进入到经济领域才能创造生产力，提高产出效率，促进经济增长。而创新本身所具有的商品属性、价值属性和资本属性为创新的资本化提供了基础条件和前提保障，市场经济的发展和完善则为创新资本化提供了天然的“温床”。事实上，在熊彼特关于创新对经济增长的关系研究中所提出的创新启示就是已经资本化了的创新，即本书所提出的创新资本。

其次，研究经济增长是如何被经济系统本身内生决定的是现代经济增长理论（内生经济增长理论）的重要内容。以索洛—斯旺模型为标志，经济增长理论正式进入了“现代”阶段。此后，罗默、阿基翁、霍伊特、格罗斯曼、赫尔普曼等不断对模型进行修改和完善，将以技术创新为主要内容的创新资本内生化。创新资本投入要素是一个多维的名词，不仅可以通过直接的研发投入等获得，在开放经济条件下，通过物化型创新资本获得的创新溢出已经成为当前许多国家尤其是发展中国家提高创新资本存量的重要途径。为了更全面和科学地衡量创新资本对区域经济增长的影响机制，本书探索将影响创新资本产出和创新资本存量的各因素纳入到内生经济增长模型的分析框架中，从而为一国（地区）经济长期增长的内在机理提出一个更加全面、科学和合理的解释。

最后，在经济全球化的今天，创新资本已经成为衡量世界各国（地区）经济综合实力和国际竞争力的最重要指标之一。影响创新资本构成的也不仅仅是区域内研发投入，还包括来自创新水平较高的国家（地区）的创新溢出，包括对外贸易和外商直接投资，以及区域间的人员交流和培训及物化型的创新资本。事实上，许多实证文献研究结果表明，外商直接投资和对外贸易对改革开放以来中国经济的高速发展发挥了重要的推动作用。因此，客观全面分析经济增长的内在机理，就不能抛开开放经济这一重要因素而仅在封闭条件下研究其与经济增长的关系。20 世纪 80 年代末期和 90 年代初期，以格罗斯曼、赫尔普曼、阿基翁、霍伊特等为代表的内生经济增长理论学家就已经注意到了国际贸易和国际资本流动对经济增长的重要性，然而这些文献都是从发达国家的角度分析开放经济与内生经济增长的关系，这些模型并不适用于解释发展中国家开放经济与内生经济增长之间的关系。如上述理论并不能解释为什么同样是实行开放的经济政策，不同的发展中国家的经济增长却出现明显的差异性。如 20 世纪 70 年代，韩国和巴西经济发展状况相似且同样都采取了开放的经济战略，两国的经济增长模式却截然不同。本书试图从自主创新和创新溢出吸收等方面来研究开放经济条件是如何影响一国（地区）创新资本积累及经济的持续增长的。

二、现实意义

本书试图在理论分析的基础上对中国及区域经济增长问题进行实证分析。改革开放以来，中国经济发生了巨大的变化，取得了令世界各国为之惊叹的重要成就，同时也面临着诸多问题，其中最关键、最迫切的问题就是中国经济结构转型升级和维持经济长期稳定。而这两个问题归根结底是对“经济增长的源泉”问题的探寻。当前大量有关中国经济增长的实证文献的结果均表明，改革开放以来，中国依靠资源要素禀赋优势和投资实现了经济三十多年的高速增长，物质资本和劳动力资本是这一阶段推动中国经济增长的重要源泉。然而，这种粗放的经济增长模式还能继续持续下去吗？如果不能，那么未来能够支撑中国经济保持稳定增长的驱动力量是什么？按照新古典经济增长理论的思路，物质资本积累具有边际报酬递减规律，也就是说，物质资本回报率并不会保持一致增长的态势，而是当达到某一阶段后，会呈现不断下降的趋势。换句话说，依靠物质资本投入增长并不能作为维持一国（地区）经济长期稳定增长的永久驱动力，尤其是当前中国经济已经进入新常态，“三期叠加”① 是当前中国经济最主要的特征，调整经济结构、转变经济发展模式、通过制度改革激发改革红利是当前保持中国经济长期稳定增长的重要选择，通过增加创新资本投入、激发创新潜力，以创新驱动中国经济增长已经成为当前学术界和政府部门的共识。本书立足中国经济增长发展的现实，探索如何通过理论研究为中国区域经济增长模式转变提供一个合理的分析，运用中国省级面板实际数据对当前中国区域经济增长模式做出客观的评价和分析，并为中国区域经济发展指明方向。

第三节 研究内容及方法

一、研究内容

简单地说，经济增长的过程也是一个要素投入结构日趋完善基础上的社会扩大再生产的过程。经济增长是一国（地区）长期发展的普遍趋势，但不同国家（地区）经济增长的过程并不完全相同，这不仅与一国（地区）要素禀赋差异有关，也和一国（地区）经济发展水平及所处的经济发展阶段等因素有关，对一国（地区）经济增长源泉的探究一直是经济学家们乐此不疲的重要研究领域，也是政府领导密切关注的热点问题。

早期的经济学家们认为，自然资源、劳动力及物质资本的投入会带来一国财富总量的增长，其中物质资本投入对经济增长发挥着至关重要的作用；20 世纪六七十年代，以舒尔茨等为代表的人力资本理论开始兴起，他

① 三期叠加，即：增长速度换挡期，是由经济发展的客观规律所决定的；结构调整阵痛期，是加快经济发展方式转变的主动选择；前期刺激政策消化期，是化解多年来积累的深层次矛盾的必经阶段。

们认为与物质资本相比，人力资本更能推动一国财富的增长；到了80年代中后期，经济学家们逐渐认识到以技术创新和技术进步为主要内容的创新资本日益在经济增长中发挥着重要作用，创新资本积累对一国的财富增长越来越重要，随后许多学者也指出，不仅技术进步，制度创新、组织创新和管理创新等也能极大地促进区域经济增长。

中国经济自改革开放以来维持了30多年的高速发展，但受2008年全球金融危机的波及，当前中国经济步入了新常态，以往依靠资源要素投入和投资驱动的传统粗放的经济发展模式已经难以维持未来中国经济的长期稳定增长，加之日益扩大的区域发展差距，使中国政府面临着巨大的经济转型压力。从世界经济发展历史及各国的发展实践来看，科技革命对推动一国（地区）经济、政治和文化等领域的变革，及人类生产生活方式和思维方式具有重要的影响，也能够极大地推动一国（地区）经济社会发展。中国已经错过了第一次和第二次科技革命，能否抓住第三次科技革命的难得机遇对于保持中国经济长期稳定增长具有重要意义。

创新生产能够极大地促进一国（地区）经济增长，创新要素投入是影响创新资本产出的关键因素。本书主要围绕创新资本这一概念，并将其作为影响经济增长的关键变量，探讨其对长期经济增长的内在机理。研究的整体思路遵循理论与实际相结合，首先对创新资本的概念进行科学、合理的界定，然后按照理论梳理—模型构建—实证检验—政策建议的思路组织行文，全书主要包括以下章节：

第一章，导论。主要对问题的提出、研究意义、研究内容与思路、研究方法、主要的创新点与不足做一个概览性的介绍。

第二章，创新资本的概念与特征分析。在这一章中，对创新资本的概念、特征、内容进行了界定与分析。创新资本是指资本在成本降低和规模扩张上不再具有潜力的情况下，跳出原有的商品领域进入到研发领域，进行产品创新、组织创新、管理创新等，从而获得超额利润和创新利润的那部分资本。与传统资本相比，创新资本具有非磨损性、无限复制性、溢出性、无形性、依附性及价值转换的不确定性等特征。创新资本的依附性为我们衡量创新资本提供了可能，从本书的研究背景出发，根据创新资本获取渠道的不同，我们认为创新资本要素投入主要包括国内研发投入和来自国内其他区域及国外研发溢出等，后者主要是指在开放经济条件下，一国（地区）的创新生产不仅来自于本国（地区）内部的研发生产，还来自于区域间及国际研发溢出。

第三章，创新资本、创新生产与经济增长：文献综述。本章主要从马克思主义经济增长理论、传统古典经济增长理论、熊彼特创新经济增长理论、新古典经济增长理论及内生经济增长理论中寻找创新资本与经济增长之间的关系，重点对内生经济增长理论的发展脉络进行了梳理。国内外学者就创新资本与经济增长的关系从不同角度着手进行了大量的实践检验，本章对相关的文献进行了梳理、分析、归纳和总结，然而考虑到选取对象（不同的国家、地区或行业等）、研究方法（格兰杰因果检验、协整检验、OLS 回归）、数据选择（面板数据和时间序列数据等或不同的时间阶段）等的不同，即使是同一创新资本要素投入对不同地区、不同阶段经济增长的贡献大小甚至是作用方向也并不完全一致。正因为如此，我们有必要从中国实际情况出发对不同区域创新资本与内生经济增长进行实际分析和比较。

第四章，创新资本及其生产与经济增长：模型构建。本章的理论模型构建主要是基于开放经济条件下的内生经济增长理论，构建了一个包含生产、消费和研发三部门的生产函数。研发部门的生产函数是我们考察的重点，创新资本生产不仅来自于自主研发，还来自于对外界（包括国内其他区域和国外）先进创新内容的模仿和学习，而贸易开放度、创新资本初始存量、创新水平差距等对创新吸收能力都有很大的影响。通过对模型均衡解的求解，发现经济长期稳态增长率取决于创新资本存量、对外开放程度等，拓展了已有内生增长模型对经济增长问题的研究范围。

第五章，中国区域创新资本空间分布与特征。从创新生产的小规模最低门槛等角度来看，创新资本生产需要一定的资源要素投入作支撑，而产出受投入累积效应的影响，通常与规模呈现出一定的正向相关关系，因此创新资本分布现状与结构等对创新生产具有重要的影响。本章对 R&D 投入（经费和人员投入）、外商直接投资、进出口贸易总量与结构等方面的现状与特征进行了详细的分析。总的来说，受以往区域不均衡发展战略及路径依赖和循环累积效应的影响，当前中国创新资本及创新要素分布与区域经济发展水平有很大的关联性，东部沿海地区依然是创新资本重要的集聚区，中西部地区和东北地区则相对匮乏，并且已经成为了制约这些地区经济发展的重要因素。

第六章，中国区域创新资本与经济增长的实证研究。本章的主要目的在于实证检验创新资本各投入要素在中国创新生产与经济增长中的作用和贡献。在对比柯布—道格拉斯生产函数、固定弹性生产函数和超越对数生产函数的优缺点的基础上，本章决定采用当前应用最广泛的柯布—道格拉斯生产函数的生产率增长核算方法。与传统的全要素核算方法将除劳动和物质资本以外的所有影响经济增长的因素都归入全要素生产率中不同的是，本章在实证模型的设定中将创新资本从全要素生产率中剥离出来作为与物质资本投入和劳动力投入并列的要素纳入到扩展的柯布—道格拉斯生产函数中，运用中国 30 个省份 2004~2013 年的面板数据进行了实证分析，结果显示，模仿和学习仍是当前中国创新生产的最主要途径，而自主创新的能力则相对不足。

第七章，优化创新资本结构促进中国区域经济增长的政策建议。本章主要从自主创新能力建设、调整创新资本结构、提升创新吸收能力等方面对中国创新资本促进经济增长和区域协调发展提出了相应的政策建议。指出当前调整外贸结构和外商投资结构、改善贸易政策和引资政策，通过政策引导促进中国国内产业结构调整和优化升级，进而提高对经济增长的影响。同时指出，提高自主创新能力是一国和地区经济持续稳定增长的关键因素，通过优化创新环境，强化企业主体地位；加大科教投入，注重创新人才培养；加强国内科技交流与合作，引进国外先进创新等途径提高中国自主创新能力，促进区域经济持续稳定增长。调整创新资本的空间分布，促进区域协调发展等。

第八章，未来研究方向与展望。受笔者自身知识水平及科研能力等方面的限制，本书还存在着一些不足，如在选择创新产出的替代指标时，受可得数据的限制，本书仍然沿用的是专利申请量。笔者将在以后的学术研究中不断修改和完善。

二、研究方法

每一项科学研究都需要一系列相关的研究方法作支撑，本书所选用的研究分析方法主要包括文献梳理、数理建模、统计描述和计量实证分析等。

（1）文献梳理法。本书主要从经济增长的理论脉络出发，指出当前创新资本已经成为经济增长的重要源泉，也是新经济增长理论（内生经济增长理论）研究的核心内容。然后，本书从马克思主义经济学、传统古典经济学、熊彼特经济增长学、新古典经济学等多个角度揭示了关于创新资本与经济增长的关系的研究并不仅限于新经济增长理论，众多经济学家很早就已经意识到创新资本对于经济增长的重要意义。最后，本书围绕创新资本的各组成部分——R&D研发生产和创新溢出（包括区域间创新溢出和国外创新溢出），以及影响创新溢出吸收能力的各因素与经济增长之间的关系从理论和实证的角度对已有文献进行了梳理和分析。

（2）数理建模法。数理建模法已经成为当前经济学研究最主要、最流行的方法之一。数理建模法主要是通过建立各主要经济变量之间的函数关系分析它们之间的影响关系和作用方向，为决策提供依据。数理建模法因其清晰的逻辑关系受到了经济学家们的普遍欢迎。本书则主要是在一定的假设条件下通过构建一个开放经济条件下包含三部门的生产函数，同时将吸收能力纳入增长模型中，分析创新资本与经济增长之间的关系。

（3）统计描述法。中国地域辽阔，加之改革开放初期中国政府实行的不均衡区域发展战略，使当前中国区域创新资本分布呈现了明显的区域集聚特征。本书运用统计描述的方法对中国省级创新资本的空间分布特征进行了深入的分析，对于解释不同地区创新资本对经济增长的作用大小具有重要影响。

（4）计量实证分析法。计量实证分析主要是运用计量方法，运用经济现象过去的数据进行的一种分析，并借此对未来经济发展进行一定的预测。本书在构建实证分析函数的基础上运用Stata计量分析软件对中国2004~2013年省级创新资本与经济增长的面板数据进行了分析，并进一步对创新资本各要素对经济增长的贡献度进行了测算。

第四节　创新及不足之处

一、创新之处

首先是对创新资本概念的详细分析和论述。创新资本最早来源于会计学，而本书主要是从经济学的角度对创新资本的概念和内涵及特征、功能等进行了较为细致的分析。伴随着分工的日益细化和创新经济时代的到来，创新已经成为影响世界各国竞争力的关键因素，然而并不是所有创新都能够对经济增长发挥作用，创新本身是一个技术概念，必须资本化后才能进入生产领域。创新并非天然就是资本，它是市场经济发展到一定阶段的必然产物。创新转化为资本必须具备一定的转化条件：创新所具有的商品属性、价值属性和资本属性是创新资本化的基础条件和前提保障。按照马克思主义经济学理论，创新资本是指资本在成本降低和规模扩张上不再具有潜力的情况下，跳出原有的商品领域进入到研发领域中，用以开发出新产品或改善产品，从而获得超额利润和创新利润的那部分资本。

其次建立了开放经济条件下的包含创新资本的经济增长模型，其中创新资本不仅来自于区域内的研发投入，还包括区域间的及通过外商直接投资和进出口贸易的国外创新溢出。通过对模型均衡解的求解，结果表明，经济增长长期依赖于各创新资本的投入及创新吸收能力等，而创新吸收能力受对外开放度、创新资本存量、创新初始水平等因素的影响。

最后是对传统全要素生产率的进一步分解。与传统的全要素核算方法将除劳动和物质资本以外的所有影响经济增长的因素都归入全要素生产率不同的是，本书在实证模型的设定中将创新资本从全要素生产率中剥离出来作为与物质资本投入和劳动力投入并列的要素纳入到了扩展的柯布—道格拉斯生产函数中，并对各要素投入在经济增长中的作用和贡献度等进行了分析和估计。

二、不足之处

本书对经济增长的影响因素和经济增长机理等内生增长问题进行了理论分析和实证研究，以增强我们对宏观经济调控的认识和为政府部门的宏观经济政策提供较为合理的理论依据。出于诸多方面的原因，尽管笔者做了大量的努力，然而受自身知识水平的限制和科研能力制约，本书的研究仍只是探讨性的，无论在观点上还是行文上，不可避免会存在些许不足之处，笔者会在以后的科研工作中进一步地修改、补充和完善。

首先，受当前国内数据统计方法和创新产权保护缺乏的制约，对创新资本的衡量采用的仍是专利授权数量。这存在着一定的缺陷：一是不同专利的技术含量不同，包含的价值也会有很大的差别，专利数量并不能完全反映专利包含的价值；二是考虑到专利的保护期，一些企业可能并不会选择将其创新成果申请专利，因为一旦申请专利，在专利保护期结束后，企业就要将其公布，这可能导致企业丧失原有的市场垄断优势。

其次，尽管本书试图对影响经济增长的所有因素进行分析，但受衡量指标及笔者创新水平和科研能力等的限制，并不能穷尽所有因素。

最后，受时间的限制，笔者仅从时间维度对创新资本与区域经济增长的关系进行了分析研究，并没有从空间维度对两者的关系做进一步的分析，对于这一点笔者将在未来的研究中进行补充和完善。

第二章

创新资本的概念与特征分析

世界各国经济社会发展的实践表明，创新资本正在日益取代物质资本和劳动力投入等成为创造财富的重要源泉。然而在生产领域内，创新必须要依附于其他投入要素，形成可辨别和可量化的相对比较独立的要素表现形式。同时，创新作为一种投入转化为资本在一国（地区）生产和经济运行过程中发挥着越来越重要的作用。虽然创新资本的内涵并不新鲜，但以往对创新资本概念的描述较少。本章主要从创新资本的概念及形成两个方面对创新资本进行系统的阐述，为后面的研究和分析奠定基础，主要包括两节：第一节是对相关概念的界定，首先创新资本也是一种资本，而且是一种特殊的资本表现形态，创新资本概念的界定建立在对相关概念的理解的基础上，对资本和创新概念的分析为创新资本的界定奠定了基础。第二节对创新资本的形成、内涵、特征、功能和构成进行了详细的分析。在对创新资本化的分析上提出了创新资本的概念，认为创新资本是指资本在成本降低和规模扩张上不再具有潜力的情况下，跳出原有的商品领域进入到研发领域中，用以开发出新产品、改善产品、优化管理模式、优化生产要素投入结构、提高生产效率等，从而获得超额利润和创新利润的那部分资本。创新资本有利于促进产业结构优化升级、淘汰落后产能、提高地区竞争力、加快地区城镇化进程、提高生产效率等，从而有利于推动地区经济长期稳定增长。

第一节　相关概念的界定

一、资本

资本的概念在经济学领域由来已久。资本是在商品生产和商品交换为主要内容的商品经济形式下的基本范畴，货币作为国民财富的代表和记号是资本的最初表现形式。在市场经济条件下，为了产品生产投入的货币在经历了一系列的运行后不仅发生了价值转移，而且发生了价值增值，即创造了剩余价值，这里的货币投入区别于一般意义上的货币符号和财富代表，是资本。在商品经济和市场经济产生和发展的不同时期、不同阶段和不同领域，资本有着不同的表现形式。如从资本执行的社会职能的不同角度来看，我们可以将资本区分为产业资本、商业资本和生息资本等；从资本在流通过程中表现形式的不同来看，我们通常将资本区分为货币资本、生产资本和商品资本；从资本周转速度的不同来看，我们将资本区分为流动资本和固定资本；从社会再生产过程中的资本归属的角度来看，我们通常将资本划分为个别资本和社会资本；从资本是否真实存在的角度来看，我们通常认为资本主要包括实物资本和虚拟资本……但不论哪种资本形态都与其所产生的时代的社会生产力相适应，是资本人格化的集中反映。

从本质上讲，资本具有两个重要属性，即自然属性和社会属性。就其自然属性而言，主要是从资本作为商品生产的产物角度来说，并认为其是人类劳动积累的集中体现形式，同时指出，在这一过程中资本还会发生价值的增值，“这是每一种资本都共有的特性”①。由此可以看出，资本不仅是一种特殊的商品，同时也是一种生产要素，资本的价值增值的实现过程必须遵循一定的运动规律，即要依次经过要素（原材料、劳动力等）购买→产

---

① 中共中央马克思恩格斯列宁斯大林著作编译局. 马克思恩格斯全集（第 30 卷）［M］. 北京：人民出版社，1995：440.

品生产→产品销售，资本在这一过程中处于不断运动的状态中，资本的价值增值过程正是在这种运动过程中实现的。

就资本的社会属性来说，是指资本作为一种特殊的存在，离不开其所存在的社会制度环境，主要体现在两个方面：一方面，资本集中反映的是一种社会生产关系。“资本本身不是物……反映的是一定历史社会形态的生产关系……它体现在了物的上面，并且赋予了这个物以特有的性质”。① 如在资本主义社会中，资本集中反映的是一种以雇佣劳动力为基础的，无产阶级与资产阶级之间雇佣与被雇佣、剥削与被剥削的社会关系。另一方面，资本同时也是一种权力的象征，这种权力具体表现为对劳动及其产品等所具有的支配权。在资本主义社会下则集中体现为资产阶级支配一切的经济权力，如资本家对剩余劳动的占用和支配反映的就是资本主义社会条件下积累起来的劳动（死劳动，即资产阶级积累起来的资本）对活劳动（即没有资本，为了生存必须廉价出卖自己的劳动力的无产阶级）的支配。此外，资本还进一步地推进了一个物化的世界的形成，并导致了人的异化。资本价值增值的本性和人类对物质的无限欲望不仅促进了社会生产力的发展，而且推动了物质世界的不断繁荣和发展。

二、创新

创新，英文译为“innovation”，是从拉丁语“innovare”演变而来的，原意更接近于“翻新”，指的是在现有基础上加以改善、优化，令原对象更优秀、更高效。国内《现代经济辞典》中对“创新”给出的定义和解释是“对旧事物的变革和新事物的创立。泛指一切创造性的活动。从大的方面说，主要有技术创新、组织创新、管理创新和制度创新等等”②。

创新对经济增长的重要作用已经毋庸置疑。经济学研究领域中，最早关于创新思想的描述来自于马克思对自然科学对技术进步的重要作用的阐述，然而最早对创新概念进行系统论述的则是美籍奥地利政治经济学家约瑟夫·熊彼特（Joseph Alois Schumpeter），他在其著名著作《经济发展理

① 马克思. 资本论（第3卷）[M]. 北京：人民出版社，2004：922.

② 刘树成. 现代经济辞典 [M]. 南京：凤凰出版社，江苏人民出版社，2004：146.

论》（1912）中详细论述了创新的概念并对其在经济发展中的重要作用做了较深入的阐述，在当时西方经济学界引起了很大的反响[①]，并毫无疑问地奠定了创新经济学研究的理论基础。在他看来，所谓的创新就是要“建立一种新的生产函数，把一种从未有过的关于生产要素和生产条件的新组合引入生产体系”。依照熊彼特的分析解释和描述，创新大致包括五种形式：一是产品创新，主要包括两种类型——新产品的采用（主要是指尚未被消费者所熟悉的产品）及产品的新特性的研发和使用。二是技术创新，即新生产方法的开发使用。这种新方法可以是尚未在相关制造部门通过经验鉴定的方法（即无须以科学上的新发现为基础），也可以是商业上处理一种产品的新方法。三是市场创新，即企业新市场的开辟，主要是指企业涉足一个以往不曾跨入的市场领域，而不论这一市场之前是否已经存在。四是资源配置创新，主要是指企业原材料或中间产品新的供应渠道或供应商的获取，而不论这一供应渠道或供应商之前是否已经存在。五是组织创新，主要是指市场上一种新组织的实现，如垄断地位的获得或垄断地位的打破。从熊彼特关于创新概念及形式的分析和解释中我们可以看出，在他看来，创新已经不仅仅是一个技术范畴的概念，更是一个经济范畴的概念。它不同于技术发展，是指把现有的技术创新引入到经济系统中，并形成新的经济能力，从而有利于促进经济增长。

此后，随着科技进步、经济发展及研究的不断深入，关于创新许多学者从不同的角度有了更广泛、更深入的理解。Morgan（1997）指出，不仅企业内部对生产要素结构的调整会产生创新，企业在与外部的正式和非正式的经济社会活动中同样也会产生创新。在他看来，创新既包括来自企业内部的产品创新或组织创新等，也包括来自于企业外部产业部门、区域甚至国家层面上的社会文化与制度创新等。20 世纪中后期，在熊彼特创新思想的影响和指导下，新熊彼特主义日益兴起，并形成了新的创新理论（Freeman，1995），他们认为创新的发生来自于不同组织、机构之间的相互作用（Lundavall，1988），如企业与研究机构之间、生产厂商与消费者之间，又或者是企业与其存在的制度环境之间。总之，创新作为创新经济

① 约瑟夫·熊彼特. 经济发展理论［M］. 何畏等译. 北京：商务印书馆，1990：147.

中最基本的一个概念，在产品、系统、流程、劳动力等的更新、改造过程中发挥着非常重要的作用，对经济社会的影响日益明显，创新能力和创新资本积累已经成为企业、区域乃至国家竞争力的重要衡量指标。

第二节　创新的资本化与创新资本

一、创新的资本化

自工业革命以来，资本一直是经济资源中占有支配地位的一种资源和要素，经济增长的过程就是一个经济资源不断资本化的过程。创新并非天然就是资本，而是经济社会发展到一定阶段的必然产物。创新的资本化的过程既是创新价值转化的过程，也是创新资本形成的过程，它是指将创新作为一种生产资本，以不同的表现形式或方式投入到企业的生产经营过程，并不断与其他有形资本相融合，使创新资本能够转化为现实的生产率，并使创新资本的所有者能够按照一定的比例参与剩余价值分配的过程。创新的资本化和创新资本的形成具备一定的转化条件：创新所具有的商品属性、价值属性和资本属性是创新的资本化的基础条件和前提保障。

（一）创新所具有的价值属性是其转化为创新资本的基础

按照马克思主义经济学的观点，价值是物品能够满足人类某种需求的属性。与普通商品一样，创新同样也能够满足人类的某种需求，并对推动人类社会的不断前进和发展发挥着不容忽视的重要作用，因而创新也同时具有使用价值和价值两种属性，这就为创新转化为创新资本奠定了基础。本书主要从经济学的角度对创新资本进行分析，认为创新的经济价值主要是指创新在作为商品进行交换时所体现出的劳动的数量，是脑力劳动者创造出来的新价值。随着市场经济的不断发展和完善，具有价值和使用价值的创新及创新要素已经成为企业重要的资源，并日益成为衡量和决定企业综合竞争力的关键因素。

创新具有经济价值，主要包括：首先，创新是劳动分工的一种细化。创新价值的实现要在交换的过程中得以实现，劳动分工是交换产生的前提，也就是说，没有分工也就没有进行交换的必要。其次，创新的主体产权归属特性。不同的创新属于不同的主体，这是创新交换的前提条件，各个创新所有者通过交换获得经济回报并实现创新的价值属性。一旦创新成为全体社会普遍共有的，创新的经济价值在市场交易中就会被忽略，创新的主体所有者也就失去了其经济价值。最后，创新的相对稀缺性。在一定时期内，与其需求量相比，创新的供给量总是相对不足的，创新的稀缺性赋予了创新的经济价值属性。根据比较标准的不同，创新的稀缺性可以划分为绝对稀缺与相对稀缺。创新的绝对稀缺性源于人类对其自身及其生活的自然环境和社会环境认识的普遍缺乏；创新的相对稀缺性则是指创新仅被少数企业或个人所拥有，而其他人并不拥有这种创新，但他们却对这一创新具有强烈的需求欲望，并希望通过支付一定的报酬获取这种创新，他们付出的这种报酬反映的就是创新的经济价值。

从人类社会的科学技术发展历史长河来看，并非所有创新都可以转化为资本，已经“物化”了的创新资本也有可能随着创新的溢出和扩散逐渐成为普遍创新，这时创新的经济价值也就随之消失了。

（二）创新的商品属性是其转化为创新资本的前提条件

按照马克思主义经济学的商品理论，商品是指用来交换的劳动产品，具有二重性，即商品的使用价值和价值。劳动二重性决定了商品二重性，具体劳动创造商品的使用价值，抽象劳动构成了商品的价值。价值和使用价值是一对矛盾体，这是说，商品生产者生产商品的目的并不是满足自身的消费需求，而是为了交换，因而生产者为了实现商品的价值必须放弃使用价值。

创新是由创新工作者运用不同的工具和方法、花费一定数量的脑力和体力劳动创造出来的。因而，创新是具有价值和使用价值的，这为创新转化为商品提供了可能。创新商品具有特殊的使用价值，表现在其能够创造高于其自身价值的更多的价值。创新商品的价值是指为了获得和更新创新所付出的社会必要劳动时间，其表现形式主要是创新工作者的劳动所得，如工资、利润分享、发明和专利收入等。创新商品一般是无形的，是一种特殊的虚拟产品，而大多数情况下它以发明专利、商标、品牌、信息、数据库等形式表现。创新商品是一种特殊的商品，集中体现在：一是创新商品的私人占有性和创新的共享性。创新的私人占有是指创新为其创造者所有，并通过创新产权、专利保护等形式得以保障其权利；创新的共享性一方面是指某人（或企业等）对创新的使用不影响其他人（或企业等）对创新的使用，另一方面是指创新本身所具有的溢出效应使其他人能够在不支付任何报酬的情况下获取创新。二是创新商品的非磨损性和无限增殖性。这主要是指在一定时期内，只要创新没有过时，就能够被无限地使用并且不会发生磨损或折旧。三是创新商品的非完全排他性和不可逆性。这里的非完全排他性是指创新商品的所有者将其销售出去后，仍然拥有该创新资本，并继续可以和其他人进行交换和共享；不可逆性是指一旦创新商品销售出去，创新商品的购买者掌握了该项创新和技术后，就不可能被剥夺。

（三）创新的资本属性是创新转化为资本的必要条件

按照资本的定义，当创新能够产生收益时，其就成为了资本。换句话说，当创新仅仅是作为劳动者技能时其并不能转化为资本，而只有当创新能够实现价值增值时，创新才能够转化为创新资本。因此，创新资本是能够转化为市场价值，并为企业带来利润的创新、经验等的总和。

创新能够成为资本是因为其具有资本的特性：一是创新是人类劳动的产物；二是创新的生产也需要投资，也是需要一定成本和支出的；三是创新的运用能够产生剩余价值并实现价值增值。与货币一样，创新可以通过两种方式带来收益：通过创新商品进入市场换取交易价格，或是以分配契约的方式进入生产领域，并参与企业利润的分配。前者只是为了获取交易价格，实现价值的转移；后者才是真正意义上的创新资本，它不仅实现了自身价值的转移，而且能够创造剩余价值并实现价值增值。在创新经济时代，与货币资本一样，创新也能够通过运动为企业带来更多的货币，因此可以说，创新资本是货币资本的一种新的表现形式。

二、创新资本的内涵与特征

（一）创新资本的内涵

大量研究文献表明，资源禀赋差异并不能完全解释发达国家与发展中国家之间的经济发展差距，而以技术创新等为主要内容的创新投入的差距则能够更加有效地解释发达国家与发展中国家之间的差距。美国斯坦福大学经济学家保罗·罗默（P. Romer，1990）指出，资本、非技术劳动力、人力资本和新思想都是促进经济发展不容忽视的重要因素，他这里所说的新思想其实就是一种创新，并且是已经资本化了的创新，即所谓的创新资本。也就是说，在创新经济时代，生产的主导要素并非静态的创新本身，而应该是由人的创造性智慧所直接驱动的创新资本。

以往的创新资本的研究大多是将创新资本作为知识资本（有时也翻译为“智力资本”）的组成部分进行分析和介绍。“创新资本”这一概念起源于学者们对“智力资本”（英文为“Intellectual Capital”，国内也有一部分学者将其译为“知识资本”）的评估，最初主要用于解释公司的市场价值与账面价值之间的差额的那部分价值。Edvinsson 和 Malone（1997）在对 Skandia 公司智力资本的市场价值进行评估时，第一次提出了“创新资本”这一名词，他将创新资本定义为“企业为从事研究、发明、创新等活动所做的实际投资，决定了企业未来的综合竞争力，是反映企业未来发展潜力的那部分智力资本，是企业创新能力，保护商业权利、智慧财产，用于开发新产品、新服务的无形资产和能力”。后来，国内学者吸收了他们的思想，并将创新资本应用到区域智力资本的评估及其与经济发展关系的研究中，并指出，创新资本是智力资本的核心要素和中枢环节。然而，随着市场经济的不断发展和完善，以及创新经济时代的来临，创新已经成为企业和区域竞争力的关键决定因素，因而创新资本绝不仅仅是智力资本（或创新资本）的组成要素，它甚至是决定企业生存和发展的至关重要的因素。

由上述定义我们可以看出，早期学者们关于创新资本的研究大多集中在从企业的微观角度对创新资本进行界定。然而，考虑到创新不仅来源于企业的研发投入，政府、高校等也是创新生产的重要主体。因此，一般地，创新资本是指资本在成本降低和规模扩张上不再具有潜力的情况下，跳出原有的商品领域进入到研发领域中，用以开发出新产品、改善产品、优化管理模式、优化生产要素投入结构、提高生产效率等，从而获得超额利润和创新利润的那部分资本，不仅包括政府对研发的各种投入，还包括企业的研发投入及开放经济条件下通过国际贸易、外商直接投资等多种途径从国外获得的创新溢出等。从创新资本的定义可以看出，创新资本是能够转化为市场价值的创新。对企业而言，创新资本是能够实现价值增值并为企业带来利润的各种创新投入的总和。

（二）创新资本的特征

与传统资本相比，创新资本除了具有价值增值和商品属性等资本所具有的一般特征外，还有其独有的特征，主要体现在以下方面：

第一，创新资本具有特殊的价值增值方式。“原预付资本不仅在流动过程中被保存下来，而且在流通中改变了自己的价值量，加上了一个剩余价值，或者说是增值了。正是这种运动使价值转化为资本。”① 资本是指能够带来剩余价值并实现价值增值的那部分价值。厂商投资一项研发项目或购买一项先进技术，在其使用过程中将价值转移到产品或服务中并实现了价值的增值，这种创新商品就成为了创新资本。与传统资本通过尽可能地占用较多的原材料、土地等资源，以尽可能地延长劳动者的剩余时间等为主要手段，达到预付资本增值最大化的目的不同，只要创新资本所包含的创新、技术、思想等没有过时，就可以通过传播、溢出等途径实现价值的无限增值。

第二，创新资本具有独特的资本运行规律。一般地，在社会扩大再生产的过程中，传统资本的运行遵循边际资本产出效益递减的规律。与传统资本不同，创新资本的运行具有以下特征：一是创新资本所具有的不完全排他性使其占有者并不能拥有垄断的权利。即使是专利的拥有者或者是发明的申请者，如果不能将专利或发明让渡出去进入生产领域，那么也就无

---

① 中共中央马克思恩格斯列宁斯大林著作编译局. 马克思恩格斯全集（第 23 卷）[M]. 北京：人民出版社，2006：172.

法给其所有者带来价值，更无法实现价值增值。二是创新资本的非磨损性，主要是指创新资本的使用者可以将创新资本复制到产品上以实现价值增值，在这一过程中创新资本本身并不会发生任何的磨损。三是创新资本复制的无限性。只要创新资本所包含的专利或技术等没有过时，其价值就可以无限复制到产品或服务中，而不受剩余劳动时间的限制。四是创新资本的溢出性。创新资本的使用不仅不会发生磨损和消耗，反而可以在其运行过程中得到积累和深化，导致自身价值的进一步增值。

第三，创新资本的无形性及依附性。创新资本并不能单独存在，而必须依附于一定的载体。创新资本依附于人，表现为 R&D 人员投入、企业家才能等；创新资本依附于货币资本，表现为 R&D 经费投入、技术直接引进费用等；创新资本依附于企业，表现为专利、商标、管理制度、组织结构等。正是由于创新资本的无形性和依附性，为我们衡量创新资本提供了一种方法，即通过创新资本的依附主体和表现形式衡量创新资本。例如，许多学者根据创新资本的表现形式，用创新人力资本、创新物力资本、企业家才能等衡量创新资本投入，用发明、专利等衡量创新资本产出。

第四，创新资本价值转化的不确定性、滞后性。这里所说的创新资本价值转化的不确定性主要是说创新资本的价值转化在一定程度上取决于创新资本拥有者的利用能力和运作能力，同时创新资本还是一种整合系统，如前面所说，创新资本包括创新人力资本、创新财力资本、创新物力资本等要素，其价值转化还受一定的制度因素（如创新产权保护制度、市场化程度等）的影响，这些因素之间相互作用、相互制约，共同影响着创新资本价值实现程度的高低。创新资本投资效益的滞后性和时效性主要体现在创新资本是一种预付价值，当期投资并不能立即获得收益，这主要是因为创新资本的形成过程也是一种投入产出的过程，需要有人力资本的投入和物质资本的消耗等，这种投入只能在未来某一时期才能得到补偿，因而创新资本的投资收益具有一定的滞后性。

第五，创新资本的排他性与共享性。创新资本的排他性主要体现在其无法替代性上，这主要是因为在创新经济时代，创新资本已经成为影响经济增长的关键因素，劳动力、资金等并不能取代创新资本在生产过程中的重要作用，相反它们还要依附于创新资本才能更好地发挥作用，也就是说，在创新经济时代，离开了创新资本，经济发展将成为纸上谈兵。创新资本的共享性则主要是指一个企业或地区创新资本的使用并不影响其他企业或地区的使用，并且这种共享性在一定的区域内（如产业集群等）效果更加突出，这是因为创新资本本身是一种创新，可以通过交流、学习等创造出新创新。

第六，创新资本表现形式的多样性。按照资本在生产、流通过程中发挥作用的不同，我们将传统资本划分为产业资本、生息资本和商业资本等，这些资本大多是以资金、原材料等的占有或劳动力的雇用等有形资产的形式存在。而创新资本依附主体的多样性决定了其存在形式的多样性，它不仅可以将创新、技能等附着于人力资本等有形资本上或以期刊文献、视频、数据库等实物形态的方式显示出来，还可以以商标品牌、规章制度、激励措施及工艺流程等无形资本的形态存在。

（三）创新资本的功能

创新资本是人类经济社会发展到一定阶段的必然产物。一国在经济发展的中前期阶段，依靠资源禀赋优势和资本积累优势维持经济的长期增长，但是这种依靠简单的基本资源投入和资本投入的经济发展模式是相对粗放的，在经济发展的高级阶段，这种粗放的经济发展模式恐怕难以支撑经济社会的进一步发展，创新资本为经济发展模式转型提供了保障。创新资本对缓解劳资矛盾、完善收入分配制度、维持经济社会稳定、促进产业结构优化升级、淘汰落后产能、提高区域经济竞争力、推动新型城镇化发展、保持经济长期稳定增长都具有非常重要的作用。

第一，创新资本的产生有利于缓和劳资关系，完善收入分配制度。进入经济时代，创新资本逐渐取代物质资本要素成为影响经济增长的最重要的因素，因而创新资本所有者必然要求同其他生产要素一样，享有参与企业利润分配、平等地分享企业收益的权利。企业的收益分配直接影响着创新资本所有者的工作积极性和创造性，进而影响创新产出效率。然而，与传统资本下隐藏的对立的雇佣与被雇佣关系不同，在以创新为主要内容的创新经济时代，创新资本成为厂商竞相争夺的宝贵资源，然而由于创新本身的风险性，使货币资本家成为了风险投资者，他们为创新、技术进步和创新资本价值的实现进行风险投资，这种劳资关系建立在创新工作者、货币资本家和创新资本家相互依赖和相互信任的合作关系上，是一种类似代理的关系，创新工作者为了继续获得货币资本家的支持会努力工作。当前我国实行的是“以按劳分配为主体，多种分配方式并存”的分配制度，建立在创新资本上的这种相互依赖、相互信任的“合作关系”补充和完善了我国现行的收入分配制度。

第二，创新资本的运用有助于促进区域产业结构优化升级。创新资本的运用主要是通过根本性创新的推动效应、创新模仿和学习的加速效应及产业竞争产生的选择效应，并借助新兴产业建立和传统产业的改造升级等形式优化产业结构，促进产业结构高级化。一方面，创新资本有利于打破原有产业体系内的技术平衡及创新个体间的相互关系，造成现有产业部门或相关部门的分解，从而推动新的产业和部门的形成。如新产品、新工艺、新材料、新能源等的发现、发明及产业化应用能够极大地促进劳动分工，拓宽生产活动范围，从而促进新产业门类与部门的产生。另一方面，在一个经济系统内部，不同产业之间通常存在着不同程度、不同层面的前向或后向的关联关系。创新资本的介入可以改变原有产业之间的投入产出关系，使前后向关联产品和前后向关联产业之间互为产品创新和过程创新，从而有助于促进产业之间的联合和扩散。同时，创新资本的运用有助于推动新型产业的崛起和发展，而传统产业为了继续保持其市场占有份额和市场竞争力，也会引进新技术、新设备、新工艺，学习先进企业的管理经验和管理方式等，提高其产出效率，改进产品质量，甚至研发投入以生产全新的产品或服务，进而有助于推动传统产业的改造升级。

第三，创新资本有利于培育区域竞争优势。一个国家或地区经济长期稳定发展的关键是不断地培育和发展能够长久保持区域竞争优势的区域竞争力。这种竞争优势既要有先进性，又要保持与其他地区的差异性。当前，创新资本已经成为推动经济增长的重要源泉，以创新资本为主要内容并结合当地经济、社会、科技、文化等逐渐形成地区独特的、其他地区很难通过引进或模仿获得的创新能力已经成为各地区争取经济制高点的重要资源。在当今创新经济时代，任何国家或地区想要长久地保持竞争优势，就必须准确把握经济发展趋势，不断创新。创新资本的时效性、外部环境的变化、需求状况的改变等使区域内企业必须不断加强创新投入力度。

第四，创新资本有利于推动城镇化进程。改革开放以来，我国依靠出口、投资和消费“三驾马车”拉动了中国经济三十多年的飞速发展。然而近年来，国际金融形势的动荡及金融危机后各国为保护本地企业纷纷采取了不同程度的地方保护主义，使中国出口贸易额持续走低。2008 年 11 月起，中央政府为扭转经济不断下滑的趋势，启动“4 万亿”投资计划，然而从其政策效果来看并不理想。事实证明，出口导向型和投资驱动型的经济发展模式在当前经济发展形势下已经不能维持中国经济长期稳定增长，扩大内需成为保持中国经济稳定增长的重要举措。城镇化水平的提高有利于扩大内需，因而推进新型城镇化建设、加快城镇化进程成为当前政府保持中国经济稳定增长的重要举措之一。然而，当前中国城镇化发展面临着许多问题，如大小城镇发展差距不断扩大、城市建设千篇一律、城市经济增长方式粗放、交通拥堵、社会矛盾凸显、安全问题被忽视、环境污染不断加剧等，创新驱动城市全面转型成为新形势下中国城市发展的重要思路，这种创新不仅包括传统意义上的技术创新、制度创新，还包括路径创新和理念创新等。

第五，创新资本有利于促进中国经济长期稳定发展。改革开放以来，随着城镇化、工业化的不断推进，中国经济社会取得了令世界瞩目的成就。然而，在肯定取得的成绩的同时，也应看到，近年来中国采取的是传统的经济发展模式，经济的长期快速发展建立在资源能源的高消耗、土地广占用、“三废”高排放的基础上，然而随着我国资源能源日益紧缺，生态环境质量日益下降，以往以资源能源高消耗及大量投资驱动的粗放的经济发展模式已经难以为继。根据美国哈佛大学经济学教授迈克尔·波特的国家竞争优势理论，一国或地区经济从粗放向集约发展大致要经历四个主要阶段，即自然资源要素驱动发展阶段、投资驱动发展阶段、创新驱动发展阶段和财富驱动发展阶段。从中国经济发展历程来看，当前中国经济发展迫切需要转向以创新为重要驱动力的发展模式。创新资本的集聚和积累是创新产生的重要前提条件，有利于提高创新产出和效率，对促进我国经济优化转型、保持经济长期稳定发展具有重要意义。

（四）创新资本的内容构成

按照创新资本存在形式、投入要素、获取方式等的不同，我们可以对创新资本进行不同的分类：

按照创新资本存在形式的不同，我们可以将创新资本划分为有形的和无形的两大类型。有形创新资本是指具有实物形态的创新资本，主要包括科研实验室、仪器设备等，当前也包括一类特殊的创新资本的载体——创新人力资本。无形创新资本是指不具有实物形态的创新资本，包括发明、专利、商标、品牌等。需要指出的是，无形创新资本也需要依附于一定的有形载体才能发挥作用。

按照创新资本投入要素的不同，我们可以将创新资本划分为创新人力资本、创新物力资本、创新财力资本等。创新人力资本是指从事创新活动、生产创新资本的人力资本投入，既包括直接从事创新资本生产的人员，也包括辅助人员，他们是创新资本生产的主体，是创新资本生产中最基础、最关键的要素。创新物力资本是指用于创新资本生产的各种仪器设备、科研机构及各种研究中心、中介服务机构等。创新财力资本主要是指用于创新生产的各种经费投入，是保证创新生产的物质基础，包括政府R&D经费投入、企业研发投入、外商直接投资等。

按照创新资本获取方式的不同，我们可以将创新资本划分为狭义的创新资本和广义的创新资本。狭义的创新资本（也可称为一级创新资本或原生创新资本）主要是指R&D投入（包括R&D经费投入和R&D人员投入），用于衡量一国（地区）自主进行研发投资所进行的创新资本生产。广义的创新资本（也可称为二级创新资本或次生创新资本）则不仅包括R&D投入，还包括通过区域与区域之间或国家与国家直接的创新人才往来及以对外贸易和投资等物化型创新溢出等为主获取的创新资本，主要发生在创新资本存量不同的国家或地区之间，落后国家（地区）通过贸易往来、投资、人员往来或信息交流等途径获取发达国家（地区）先进的技术方法、管理经验等，来提高本国或地区创新水平，还可以通过与一国（地区）内不同区域间的市场交换、人员流动等形式获取创新资本存量较高地区的创新溢出，也有助于提高本区域创新资本生产效率。以往对创新资本的研究大多局限在狭义创新资本的研究视角，本书则是从广义创新资本的角度探讨创新资本与区域经济增长之间的关系，并对中国区域经济发展进行一定的探索，具有较强的实践意义。

本章小结

对创新资本概念的界定是本书中的研究能够顺利进行的重要基础的保障。本章首先对创新资本有关的几个概念进行了简单的介绍，由此给出了创新资本的内涵并将创新资本与传统资本进行对比，分析了创新资本的特征、功能与构成内容等。

对创新资本的界定不能离开资本和创新的概念。同经济增长一样，“资本”一直是经济学领域中由来已久的重要名词。资本是商品经济和市场经济发展到一定阶段的必然产物，资本积累是扩大再生产的重要基础。资本具有不包含价值判断的自然属性和包含价值判断的社会属性。前者是指资本是商品生产的产物和劳动积累的集中体现，后者则是指资本反映了一定历史社会形态下的生产关系。创新并非天然就是资本，其首先是一个技术概念，创新转化为资本是市场经济发展到一定阶段的产物。创新所具有的商品属性、价值属性和资本属性是其资本化的基础条件和前提保障。

创新资本是指资本在成本降低和规模扩张上不再具有潜力的情况下，跳出原有的商品领域进入到研发领域，用以开发新产品、改善产品、完善组织管理、调整要素结构、提高产出效率等，从而获得超额利润和创新利润的那部分资本。与传统资本相比，创新资本除了具有价值增值和商品属性等一般特征外，还是一种特殊的价值增值方式，具有独特的资本运行规律，创新资本的使用是一种排他性与共享性共存的矛盾体，其价值转化具有一定的不确定性，同时其本身是一种无形的资本，因此必须依附于其他要素而存在。

在创新经济时代，创新资本不仅有利于一国（地区）的财富积累，而且对缓解劳资矛盾、促进产业结构升级、提高经济竞争力、实现经济增长模式转型都具有重要的作用。同时，创新资本的无形性和依附性为衡量创新资本提供了一种方向。按照创新资本存在形式、获取方式、投入要素等的不同，可以对创新资本进行不同的分类。根据本书的研究目的，按获取渠道的不同，将创新资本划分为自主研发获取的创新资本和通过对外贸易和外商直接投资或地理邻近的区域之间通过贸易往来、人员交流与培训等创新溢出获取的创新资本。

第三章

创新资本、创新生产与经济增长：文献综述

第一节 思想溯源

简单地说，经济增长的过程既是一个要素投入不断增多的过程，更是一个要素投入结构日趋改善基础上的社会扩大再生产的过程。对经济增长源泉的探究一直是经济学家乐此不疲的研究领域。从世界各国经济发展的历程来看，经济增长是一国（地区）长期发展的普遍趋势，但不同国家（地区）经济增长也呈现出一定的不同特征，例如一些国家经济增长速度较快，并越来越富裕，而也有一些国家经济增长速度长期停滞或增长缓慢，并日趋成为贫困落后国家。究竟是什么因素在影响一国（地区）的经济增长？考虑到不同国家（地区）不同的发展基础和不同的经济社会发展阶段，加之经济增长本身就是一个涉及面相当广且复杂的社会现象，经济学家们各自从不同的研究视角对经济增长源泉问题进行了探讨，呈现出了百家争鸣的局面。早期的经济学家们认为，自然资源、劳动力及物质资本的投入会带来一国财富总量的增长，其中物质资本投入的增加对经济增长发挥着举足轻重的作用。20 世纪六七十年代，以舒尔茨等为代表的人力资本理论开始兴起，他们认为与物质资本相比，人力资本更能推动一国财富的增长。到了 80 年代中后期，经济学家们逐渐认识到以技术创新和技术进

步为主要内容的创新资本日益在经济增长中发挥着重要作用，创新资本积累对一国的财富增长越来越重要。随后许多学者也指出，不仅技术进步，制度创新、组织创新和管理创新等也能极大地促进区域经济增长。

一、马克思主义经济增长理论

许多经济增长理论学家曾指出："经济增长模型……可以追溯至马克思。"①《新帕尔格雷夫经济学大辞典》也写到："马克思恐怕领先于其他任何一位经济学家把技术创新看作经济发展与竞争的推动力。"② 虽然马克思并没有对经济增长做出直接的概念界定，但我们在他的著作中经常可以看到与经济增长相似的概念，如"扩大再生产""价值增加""产品增加""劳动生产率提升"等相关论述。根据马克思主义经济学的相关阐述我们可以看到，扩大再生产的实现主要通过增加积累和提高要素产出率，如社会总产出的增加、劳动生产率的提高。"劳动生产力的提高，在这里一般是指劳动过程中这样一种变化，这种变化能缩短生产某种商品的社会必要劳动时间，从而使较小量的劳动获得生产较大量使用价值的能力。"③ 在马克思看来，科学技术也是一种生产力。"科学的发展水平和它在工艺上应用的程度"④ 对扩大再生产发挥着重要作用。此外，"一切规模较大的直接社会劳动或共同劳动，都或多或少地需要指挥"⑤，这体现了管理创新对扩大再生产的重要作用。因此，在马克思看来，影响经济增长的因素不仅包括社会总资本、劳动力规模，还包括科学技术、管理创新、制度创新等。虽然马克思并未直接提出创新及创新资本的概念，但其实在马克思主义经济学中早就已经蕴藏了关于创新及创新资本的概念。

---

① 吴易风，白暴力等. 马克思经济学数学模型研究［M］. 北京：中国人民大学出版社，2012.

② 伊特维尔. 新帕尔格雷夫经济学大辞典（第二卷）［M］. 北京：经济科学出版社，1992.

③ 马克思. 资本论（第 1 卷）［M］. 北京：人民出版社，1975：350.

④ 马克思. 资本论（第 1 卷）［M］. 北京：人民出版社，1975：53.

⑤ 马克思. 资本论（第 1 卷）［M］. 北京：人民出版社，1975：367.

二、传统古典经济增长理论

经济学鼻祖亚当·斯密（Adam Smith，1776）在其巨著《国民财富的性质和原因的研究》（简称《国富论》）中就曾指出，劳动工具上的改进及劳动者劳动熟练程度的提高、劳动技巧和经验的获得等都是社会分工的结果，而分工和专业化其实也是技术进步的一种非常重要的表现，能有效地提高劳动生产率并带动一国国民财富的积累。同时他还指出，“使劳动得以如此方便和简化的所有机器的发明，最初似乎都是由于分工。当人们的全部注意力都集中在一个单一目标，而不是分散在许许多多不同事物上时，他们就更有可能发现比较容易和比较迅速地达到任何目的的方法”①，即劳动分工能够极大地促进创新。斯密富有前瞻性的分析为以后研究和开发实验室的出现奠定了良好的基础。英国古典政治经济学家大卫·李嘉图（David Ricardo，1817）在其著作《政治经济学及赋税原理》中，在分析影响收入分配的各因素之间的关系、收入分配变化规律及影响收入分配比例变动的各因素的过程中发现，资本积累对推动经济增长发挥着重要的作用，并指出，在农业生产中存在着规模收益递减，而制造业的技术进步能够有效地抑制规模收益递减。马歇尔（Marshall，1920）则强调，企业外部经济与内部经济对经济增长发挥着重要作用，以创新为主要内容的技术进步是推动经济长期增长的重要驱动力之一。

三、熊彼特创新经济增长理论

20世纪最著名的经济学家、美籍奥地利政治经济学家约瑟夫·熊彼特（Joseph Schumpeter，1912）在其著名著作《经济发展理论》中指出，经济增长的推动因素不是来自于经济系统外部，而是来自于追求利润最大化的资本家创新，这里的创新与其说是一个技术进步的概念，更应该是一个经济概念（称之为创新资本更为合理），是生产要素与生产条件的一种新的

① 亚当·斯密. 国富论［M］. 唐日松等译. 北京：华夏出版社，2005：10.

组合形式。在他看来，这种新的组合形式主要分五种情况：产品创新（新产品的采用）、技术创新（新的生产方法）、市场创新（新市场的开拓）、资源配置创新（原材料或中间产品新的供应来源的获取或控制）、组织创新（新组织的实现，如垄断地位的获取或垄断地位的打破）。熊彼特认为，资本主义通过创造性毁灭的过程不断改革和调整企业要素结构，提高企业竞争力。在熊彼特创新理论中主要有两类创新方式：一类是以 19 世纪后期欧洲工业结构为典型的创新方式，这种类型的创新以降低产业技术进入门槛为主要特征，因而存在许多小企业。这些新的企业家带着新思想、新产品或是新工艺进入某一产业不断炮制原有的生产方式、组织方式和销售方式，成立新的企业并对现有企业形成竞争。另一类则受 20 世纪前半叶美国工业发展的启发，认为创新的重点在于制度化。这类创新活动大多来源于大型企业在其关键的商业技术领域长期积累起来的创新存量，使这些企业在研发过程中具有明显的规模经济和范围经济，从而有利于创新产出。

与研究开发活动同样重要的是，创新模仿也要求有相关的企业家才能和技术人员。Pack 和 Westphal（1976）在对欠发达国家厂商掌握对其本国经济来讲较先进的产品制造技术及工艺流程的情况进行研究的过程中发现，创新模仿需要模仿者具有“将现有创新应用于新环境的努力”，同时还要有“技术能力的投资”[①]。曼斯菲尔德等（Mansfield et al.，1981）研究发现，模仿活动的平均成本大约是创新成本的 65%。此后，许多熊彼特理论的追随者，如厄特巴克（J. Utterback，1974）、兰格里士（J. Lagrish，1970）、格温（D. Gerin，1988）和布朗（C. W. B. Brown，1989）等都从经济增长的角度出发，研究了技术创新的作用、技术创新的类型、技术创新的决定因素、技术创新的扩散及政府在技术创新中的作用等。

四、新古典经济增长理论

依照哈罗德（Harrod，1939）和多玛（Domar，1946）模型的假定，

① 菲利普，尼达尔·沙姆洛克. 金融创新［M］. 北京：中国人民大学出版社，2003.

即资本与劳动是不能相互替代的，生产是在要素比例不变的前提下进行的。也就是说，如果要素投入中存在一种低于最低的要素，那么就不可能通过其他要素的替代来进行补偿。依此假定，他们认为，经济增长只在充分就业的条件下方能实现，且经济增长是由外生变量——人口自然增长率决定的，如果经济系统中的人口自然增长率为零或者是负值，那么经济增长就无法实现。由此可见，哈罗德和多玛理论的经济增长更像是一种“刀刃上的均衡”，并且一旦实际经济增长率偏离有保证的增长率，经济系统本身无法得到自我纠正，相反，由于累积效应，这种偏离会越来越远。虽然 Harrod-Domar 模型的均衡被经济学家们认为是“不愉快的结果”，但其依然具有开创性的意义，其首次将数理经济方法应用于经济增长理论研究。

索洛（Solow，1956，1957）和斯旺（Swan，1956）通过放松 Harrod-Domar 模型中资本与劳动不可相互替代的这一假定，认为生产要素之间可以充分相互替代，从而对 Harrod-Domar 模型进行了完善。他们第一次将技术进步因素引入了经济增长模型，并将全要素生产率（TFP）划分为物质资本、劳动和技术进步三个部分，同时指出，技术进步是由物质资本积累决定的，即“索洛余值”（Solow Residual）。Solow-Swan 模型的不足之处在于，它一方面认为技术进步是决定经济增长的关键因素，另一方面又将技术进步视为外生变量从而将其排除在经济系统外。卡尔多（Kaldor，1957）通过放松储蓄率固定不变的假设对 Harrod-Domar 模型进行了修正，认为社会总储蓄由工资储蓄和利润储蓄两部分组成，因而社会总储蓄率不再是一个固定的常数，而是由工资储蓄率和利润储蓄率共同决定。卡尔多的储蓄理论为解决 Harrod-Domar 模型中的不稳定性提供了一种研究视角。然而，卡尔多的储蓄理论是建立在凯恩斯理论的分析框架下，因而这种用短期分析工具来研究经济的长期增长问题是卡尔多理论存在的最大的不足。

五、内生经济增长的早期尝试

内生经济增长理论的兴起源于学者们对新古典经济增长理论两个缺陷

的思考。首先，新古典经济增长理论研究的分析结果表明，长期来看，世界各国的经济增长速度最终将趋于一致，经济增长率等于其技术进步率，因而，各国获得技术进步的机会应当是均等的，所以各国的经济增长速度最终也将趋于一致。这一理论结果与现实中世界范围内各国广泛存在的长期差异性并不吻合。其次，新古典经济增长理论一方面将技术进步看作一个由经济系统外生决定的因素，另一方面又把决定经济长期增长的因素归于外生的技术进步，但对技术进步究竟从何而来并没有给出合理的说明和解释，这种将长期经济增长因素归结于外生因素的做法引起了经济学家们的不满。正是新古典经济增长理论存在的不足推动了内生经济增长理论的兴起和发展。

阿罗（Kenneth Arrow，1962）发表了题为《边干边学的经济含义》的论文，开创了内生经济增长理论研究的先河。在这篇文章中，为了弥补新古典经济学中"技术外生"这一假设的不足，他提出了"边干边学"（Learning By Doing）的概念，试图说明技术进步的内生性。阿罗借鉴了 Kaldor（1957）的观点，认为技术进步是厂商或企业进行资本积累或投入的一种副产品，伴随着厂商资本存量增长的还有创新存量的增长。此外，阿罗指出，创新既与一般意义上的私人经济产品不同，同时也不完全是公共产品，而是一种介于一般商品和公共产品之间的具有非竞争性和部分排他性的产品，因而会在一定程度上产生"溢出效应"和外部性，这不仅使进行投资的厂商可以通过创新存量增长提高生产效率，也使其他厂商可以通过与这些厂商的交流与合作甚至是地理邻近等从而获取一定的创新进而提高生产效率，因而，阿罗将技术进步看作由经济系统本身决定的内生解释变量。谢辛斯基（Sheshinski E.，1967）首先将阿罗"边干边学"理论模型化，后人将此称为 Arrow-Sheskinski 模型。与阿罗通过假定创新是投资或资本积累的一种副产品从而将技术进步内生化的思路不同，诺德豪斯（Nordhaus，1969）、谢尔（Shell，1967）则将创新归结为有意识的经济决策的结果，认为研发是由厂商对垄断利润的预期所推动的。然而与阿罗模型一样，诺德豪斯的模型并没有包含规模报酬递增，以在没有人口增长的条件下维持长期经济的增长。而在一个动态最优化框架下处理规模报酬递增所带来的技术困难，也迫使谢尔假设严格的报酬递减，而这一假设的结果就是人均收入的持续增长必须依靠外生的技术进步，否则将无法实现。

宇宫（Uzawa H.，1965）发表了《经济增长总量模式中的最优技术变化》，在该篇论文中，宇宫阐述了在新古典模型中如何以内生的方式取得持续的增长率。他突破了传统的单部门（物质资本生产）经济增长模型的思路限制，将人力资本生产部门纳入到最优增长模型的分析框架中，并把技术进步理解为人均人力资本，并假设技术进步的增长需要使用教育投入形式的劳动服务来分析最优的增长路径。通过进一步假设现行的效用函数，他证明在最优的积累路径中，所有的投资或是专业化为人力资本，或是专业化为物质资本，直到一个有限的时期结束并达到稳定状况，技术进步和资本将具有相同的指数增长率。但是该模型也仅限于对最优积累路径的描述，并没有处理在一个规模报酬递增的世界中如何补偿使技术进步增长的活动这个问题。尽管如此，由于引进了人力资本部门（教育部门），宇宫模型为技术进步的内生解释提供了一个研究视角，对内生经济增长理论的发展与完善具有重要的影响。

六、内生经济增长理论的发展与完善

前面阐述的几种模型为内生经济增长理论的进一步发展和完善奠定了良好的基础，然而由于其自身的局限性及相关经验研究的不足，上述模型依然没有解决“索洛余值”（Solow Residual）问题，即依然没有解释清楚经济系统究竟如何内生地决定一个国家或地区经济的长期增长问题。经济增长理论在20世纪70年代经历了一段低迷期，直到80年代中后期，以罗默（Romer P.，1986）的《收益递增与长期增长》和卢卡斯（Lucas R.，1988）《论经济发展的机制》两篇代表性论文的发表为分界点，标志着内生经济增长理论逐渐兴起，对经济增长的“发动机”的研究再次进入经济学家们的研究视野。按照对经济内生增长机制的理解的不同，可以大致将其划分为以下几种颇具代表性和影响力的观点：

（一）基于“干中学”内生增长理论

其代表人物主要有罗默（Romer，1986）、斯托基（Stokey，1988）和扬（Young，1991）等。他们认为，技术进步来源于生产过程，并将技术划分为一般技术和专有技术，前者是指通过长期的生产实践积累下来的并为社会所熟识的一般技术，后者则是厂商追逐利润进行的生产性投资的结果。专有技术的不断积累才是影响长期经济增长的关键因素，这是因为：首先，专有技术不但使其自身具有收益递增的特征，而且还能使物质资本和劳动力等生产要素也呈现收益递增的效果，从而使整个经济都呈现出递增的特征，进而推动经济增长；其次，人均产出是时间的单调递增函数，换句话说经济增长不受时间因素的限制，能够无限增长；最后，一国（地区）经济发展水平越高，初始产出水平越高，创新资本存量越多，越容易获得较高的产出水平，从而有更多的要素投入到研发，进一步产生更多的创新资本，有利于推动整个经济以更快的速度增长。

（二）基于人力资本的内生增长理论

其代表人物主要有卢卡斯（Lucas，1988，1993）、琼斯（Jones，1990）等。持有这类观点的学者们认为，人力资本是创新的主要载体，同时人力资本具有边际报酬递增效应是保持经济长期增长的关键因素，技术进步则认为是人力资本投资的结果。要分析人力资本投资对经济增长的影响机制首先要弄清楚两个问题：一是人力资本是如何积累的；二是人力资本是如何影响产出的。

人力资本内生增长理论采取的仍然是新古典增长理论中的总量分析方法。与宇宫将社会生产部门区分为物质生产部门和生产创新的教育部门不同，卢卡斯从微观劳动者角度出发，指出每个劳动力都是由普通劳动和专业化的人力资本两方面构成的，而专业化的人力资本作为一种稀缺的生产要素，在一般生产过程及新创新、新技术的创造和生产过程中均发挥着重要的作用，是推动经济长期增长的关键力量。它的增长率同其生产过程的投入产出率成正比，与社会平均人力资本和私人人力资本在最终生产中的边际产出率成反比，与时间贴现率成反比。同时指出，专业化的人力资本也是由经济系统自身内生决定的，并通过内在效应和外部性两种效应影响产出水平。前者是指个人通过正规、非正规的教育获得的，使自身生产率表现出收益递增的效应；后者则是指人力资本通过“干中学”（Learning

By Doing）等影响他人的劳动生产率，或增加他人资本和其他要素的收益等。人力资本正是通过内在效应和外部性这两种效应的综合作用影响产出水平。卢卡斯特别重视“干中学”导致的人力资本积累，认为“干中学”带来的人力资本积累对经济增长发挥着重要的作用。同时指出，人力资本的外部性使在没有政府干预的情况下，经济将达到一种社会次优的均衡状态从而导致对人力资本的投资偏低，这解释了现实经济中生产要素从发展中国家向发达国家流动的现象。

（三）基于垄断竞争的研发理论

其代表人物主要有罗默（Romer，1990）、格罗斯曼和赫尔普曼（Grossman and Helpman，1991）、阿基翁和霍伊特（Aghion and Howitt，1992，1998）、琼斯（Jones，1995）、斯托基（Stokey，1995）等。持这类观点的学者们认为，创新资本是企业或厂商为了获取高额的垄断利润而进行有计划的投资行为的结果，经济增长率与研发资源投入量密切相关。技术进步或创新对经济增长的意义主要在于两方面：降低已有产品的生产成本或是发明出以往没有的新产品。根据新产品与原有产品的关系，将产品创新划分为两大类：纵向创新和横向创新。前者主要是指质量改进型的产品创新；后者主要是指产品种类增加型的创新，主要包括中间产品增加型创新和最终产品增加型创新两种类型。与“干中学”模型和人力资本模型不同，研发理论放松了市场完全竞争的假设条件，而在垄断竞争条件下探讨经济长期增长的源泉，从而使该理论更具有现实意义。

1. 产品种类增加型模型

一是中间产品种类增加型。罗默等假定，研发活动的最终结果只作用于新产品，创新资本更多地表现为经济系统中中间产品种类的增多，创造性地将社会生产部门划分为三类，即最终产品生产部门、中间产品生产部门和研发生产部门。其中，研发活动的目的在于开发生产出新的产品设计方案，并将其销售给中间产品生产部门，中间产品生产部门利用购买到的新产品设计方案进行中间产品生产，然后将其销售给最终产品生产部门，最终产品生产部门运用购买来的中间产品进行最终产品的生产，并用于投资和消费等。

二是最终产品种类增加型。与罗默等认为产品种类增加与经济增长是通过创造更多中间产品的思想不同，格罗斯曼和赫尔普曼认为，经济增长主要通过生产更多类型的最终产品和创新积累实现，创新积累是厂商有意识的行为。这时社会生产部门主要包括两个部门：最终产品生产部门和研发生产部门。两部门具有不同的生产技术，研发部门主要在于生产出新型的最终消费品的设计，最终消费品生产部门通过利用从研发部门购买来的新设计从事产品生产。两部门均是在垄断竞争的市场经济条件下进行的，研发部门生产者与最终消费品生产者对产品均具有垄断定价的能力。新旧产品之间是一种不完全替代的关系，从而导致最终消费品种类的增加。

产品种类增加型模型揭示了经济系统中创新积累的目的。新创新是厂商追逐利润的结果，新创新所带来的垄断利润促使厂商进行研发投资，从而也就导致了创新具有一定的排他性。同时，随着创新的不断积累，创新存量的不断增加会带来一定的外部性，换句话说，创新资本具有一定的排他性和非竞争性特征，因而这类学者放松了完全竞争的假设条件，在垄断竞争市场经济条件下探讨创新生产对经济增长的作用，克服了罗默“干中学”模型中存在的问题。琼斯（Jones，1995）在垄断竞争的分析框架下考察研发生产与经济增长的问题标志着新经济增长理论进入了一个新的发展阶段，但同时他指出，上述模型中通常假设研发部门的生产函数是线性的，与人口和创新存量线性相关，忽略了重复创新与创新折旧，从而在这些模型中不可避免地存在规模效应。经济学家们针对这一问题对模型进行了改进，从而使之更加符合现实。

2. *产品质量改进型模型*

产品种类增加型模型中的最终消费品种类增加是建立在新旧产品不完全替代的基础上，而产品质量改进型模型是假设创新的产生使质量改进的产品取代质量较低的原有产品，即创新的过程伴随着原有产品的淘汰，这就是熊彼特（Schumpter，1934）所谓的“创造性破坏”（Creative Destruction）过程。斯托基（Stokey，1988）在完全竞争的条件下首次探讨了产品质量改进型模型，认为经济增长不仅来源于产品种类的不断增加，与产品质量的改进也密切相关。然而，斯托基认为产品质量改进是厂商在生产过程中经验积累的结果，也就是说，斯托基所描述的产品质量改进型模型实际上是一种“干中学”模型。此后，许多学者在吸收斯托基思想的基础上，探讨了垄断竞争条件下的产品质量改进型模型，认为产品质量改进也是厂商为追求垄断利润而进行的一种有意识的投资行为的结果。这类模型也主要包括两种类型：以格罗斯曼和赫尔普曼（Grossman and Helpman，1991）为代表的中间产品质量提高型模型、以阿基翁和霍伊特（Aghion and Howitt，1992）为代表的最终产品质量提高型模型。

第二节　创新资本、创新生产与经济增长：经验研究

创新是经济活动的本质，企业为满足消费者的需求、在全球竞争中保持优势地位必须不断加大创新投入，提高创新产出水平。在经济学领域里，创新资本包括但不限于技术进步。创新生产函数是表述创新投入与产出的实用性工具，也是内生经济增长模型中的重要内容（Abdin and Frederick，2004；Andreae and Vivareli，2005）。创新生产函数作为一个经济学概念是在最近几十年才兴起的，但国内外关于创新生产的研究已经相当丰富。本节主要从创新来源的两个主要渠道（内部研发和外部创新溢出）阐述创新资本、创新生产与经济增长之间的关系。

一、研发投入、创新生产与经济增长

一般地，研发投入（通常我们认为其主要包括两大内容，即 R&D 经费投入和 R&D 人员投入）被认为是保障创新生产的最重要、最基本的因素之一，也是影响创新产出及经济增长的重要因素。R&D 活动既包括为增加创新资本存量而进行的系统性的创造性活动，也包括利用创新资本存量设计新的应用等行为（Torun，2007）。R&D 投入能够提高一个企业或地区获得更好水平的技术的可能性，进而有利于引进新的质量改进的产品或产品工艺，从而有利于提高收入水平。内生经济增长模型的先驱 Romer

(1990) 和 Lichtenberg (1992) 指出，R&D 及技术投入导致生产率提高，进而促进经济增长 (Bilbao-Osorio and Rodriguez，2004)。Hall (1996) 指出，R&D 投入与企业生产率和利润率之间存在着较强的正向相关关系，并能够产生更高的回报率。Griliches (1989)、Koelle (1995)、Kendall 等 (2010)、Guloglu 等 (2012) 研究表明，研发投入与专利申请量之间存在着明显的正向相关关系。提高人力资本质量、改善基础教育、加强创新资本产权保护对创新产出同样也具有积极的促进作用 (Ayse，2015)。

在实证方面，由于研究对象（发达国家或发展中国家等）、时间跨度、研究方法等的不同，关于 R&D 投入与经济增长之间关系的文献研究得出的结论并不一致。Scherer (1982)、Griliches 和 Lichtenberg (1984)、Aghion 和 Howitt (1998) 均指出，R&D 投入对美国经济具有明显的正向促进作用。Sadraoui 和 Zina (2009) 用广义矩方法和 23 个样本国家 1992~2004 年的面板数据考察了 R&D 合作与经济增长之间的动态关系，研究表明，所有样本国的 R&D 合作与经济增长之间都有着显著的正相关关系；Griffith、Redding 和 Van Reenen (2004) 指出，R&D 投入不仅有利于创新产出，同时对创新模仿也有一定的促进作用，并用 12 个 OECD 国家的相关数据进一步验证了这一观点。Gulmes 等 (2012) 利用 21 个 OECD 国家 1990~2010 年的数据运用 Pedroni-Kao 面板数据协整、DOLS、FMOLS 和 Canning-Pedroni 因果检验方法考察了 R&D 投入与经济增长之间的长期关系，结果显示，两者在长期存在着明显的协整关系。Gocer (2013) 运用 11 个亚洲发展中国家 1996~2012 年的面板数据，并运用单位根检验、协整检验、因果关系检验、LM 检验和 AMG 方法检验了 R&D 支出对高新技术出口、信息交流技术出口、总出口和经济增长的影响，结果表明，R&D 支出 1%的增长会带来高新技术出口 6.5%的增长、信息交流技术出口 0.6%的增长和经济总量 0.43%的增长。

然而，Mesut 和 Ahmet (2015) 从国家层面评估 R&D 投入强度对创新产出的影响时指出，与企业创新投入与产出之间表现出的正向关系不同，一些国家两者之间存在明显的正向关系，也有一些国家的创新投入与产出之间并不存在明显的正向关系，这是因为与企业为保持自身获取垄断利润的目的不同，国家进行 R&D 投入更多是为了改善社会福利水平。Ebru 和

Fulya（2012）的研究则指出，由于专利设计存在沉没成本，如申请费用、代理费用和转化费用等，使专利成本在短期内不能得到有效补偿，除非预见其在未来能够发挥积极作用。Samimi 和 Alerasoul（2009）对 30 个发展中国家 2000~2006 年数据的实证检验表明，发展中国家较低的 R&D 支出水平对经济增长没有明显的促进作用。

国内学者研究指出，R&D 投入有利于资本积累、整合资源，从而促进产业结果高级化，进而推动经济增长（李志宏，2006；黄茂兴和李军军，2009；徐康宁和冯伟，2010）。然而，学者们对 R&D 经费投入和 R&D 人员投入在创新产出和经济增长中的作用却有着不同的看法。李婧、谭清美和白俊红（2009）采用我国 30 个省份 1998~2005 年的专利（创新产出）、R&D 经费支出和 R&D 人员投入（创新投入）的面板数据，应用随机前沿分析（Stochastic Frontier Analysis，SFA）对各省创新效率进行了实证测评，结果表明，以 R&D 经费支出和 R&D 人员投入为主要内容的创新资本投入对创新产出有着显著的正向相关关系，且 R&D 人员投入比 R&D 经费支出具有更高的产出弹性。而史修松、赵曙东和吴福象（2009）对我国东、中、西区域创新效率的研究发现，区域创新经费投入对创新效率的推动作用较大且大于人力资本对创新效率的推动作用。

二、创新资本、创新溢出与经济增长

随着全球化和信息时代的到来，创新溢出对创新资本产出也产生了重要的影响。以往研究中将创新资本生产函数的解释变量限定在 R&D 经费投入和 R&D 人员投入上可能会过高地估计创新存量对创新产出的影响（Patrick and Caroline，2004）。事实上，创新产出不仅与 R&D 投入等创新存量有关，与获取的创新流量也紧密相关（Abdih and Frederick，2005）。Griliches（1992）将创新溢出纳入创新资本生产函数中考察其对创新产出的影响。经济全球化背景下，国际贸易和外商直接投资、人力资本流动及信息交流是获取国际创新溢出的重要途径，其中通过国际贸易和外商直接投资获取的创新溢出是国际创新溢出的主要方式（Keller，2005），对发展相对落后的国家更是如此。同时，创新溢出具有一定的距离衰减的特征，一国内部各地区之间的创新溢出也越来越受到重视。

（一）国际贸易、创新溢出与经济增长

国际贸易是一国尤其是发展中国家获取国际创新溢出的重要途径。国际贸易作为一种重要的物化型创新资本溢出的重要方式对一国和地区的创新资本生产产生了重要的影响（Keller，2002）。根据贸易方式的不同，本节分别论述了进口和出口贸易、创新溢出与经济增长之间的关系。

1. 出口贸易、创新溢出与经济增长

总的来说，为迎合国际市场需求，应对更加激烈的市场竞争，以国际市场为导向的企业相比于以国内市场为主的企业在创新上会更加积极，产出相对也更加丰富（Coe，Helpman and Hoffmaister，1997；Stern and Porter，2000；Criscuolo，Haskel and Slaughter，2005；J. Wagner，2006）。而进口国为获得成本更低、质量更佳的产品，往往也愿意在产品设计、改进生产过程等方面给予一定的技术支持与协助（Clerides，1996）。同时，出口贸易一般具有正的外部效应，出口企业在应对国际竞争时，一方面会带动自身生产效率的提高，另一方面，通过与国内其他部门的前、后向产业联结效应，加速了国外技术的扩散与传递，促进了国内资源的合理配置（Falvey，2004）。Chaido 和 Emmanouil（2014）利用 1994~2012 年克罗地亚时间序列数据并运用 ARDL 和 ECM-ARDL 方法实证检验了出口与经济增长之间的关系，结果表明，不论是长期还是短期，两者之间都存在着双向促进关系。而 Chaido（2013）运用 1960~2011 年希腊时间序列数据验证的结果表明，出口能够有效促进经济增长，但反过来并不成立。

由于研究视角、变量和数据及计量手段与方法的不同，关于中国出口贸易与经济增长关系的研究得出的结果也不一致。高敬峰和张艳华（2014）利用投入产出分析法对中国出口贸易中的国内和国外增加值分别进行了测算，并对不同类型的生产要素报酬进行了结构分解，分析结果表明，尽管近年来出口贸易对中国经济增长的贡献率呈现了下降的趋势，但仍然是拉动中国经济增长的重要因素，这主要是因为，虽然近年来中国在全球价值链相对高端的领域保持着较高的活跃度和参与度，但这种活跃度和参与度主要表现为对高技术含量中间产品的进口依赖，国内投入仍主要

以低技能劳动为主，这就直接导致当前我国依然处于全球价值链相对比较低端的位置。吕惠娟和许小平（2005）利用传统的最小二乘回归分析（OLS）、格兰杰因果检验、协整分析等方法考察了出口贸易对中国经济增长的影响，结果表明，尽管中国经济增长是多因素共同驱动的复合型增长而非出口导向型增长，但出口贸易仍是拉动中国经济增长中不容忽视的重要因素。然而，邹武鹰、许和连和赖明勇（2007）利用中国 1996~2003 年 17 个制造业对 16 个 OECD 国家的出口贸易面板数据及 1997 年、2002 年的投入产出表，对中国出口贸易企业水平链接溢出效应和后向链接溢出效应进行了实证分析，结果表明，中国出口贸易企业通过向上游产业的非出口部门企业购买中间产业和服务等形式产生了积极的后向链接溢出效应，但是水平链接溢出效应并不十分明显。吴振宇和沈利生（2008）的研究采用了中国 26 个省级行政单位 1996~2001 年的面板数据，结果显示，中国出口部门的生产效率比非出口部门高，但是溢出效应并不显著。

2. 进口贸易、创新溢出与经济增长

与出口贸易相比，进口贸易更容易吸收来自国外创新溢出，主要体现在两个方面：首先，进口贸易已经成为当前发展中国家引进、模仿和学习国际前沿创新和技术的重要途径之一。前面我们讲到，创新资本具有无形性与依附性相结合的特征。进口贸易中的设备和商品中往往包含和体现着一定的创新，贸易进口国家可以通过发掘、模仿、学习和吸收这些设备和商品中所蕴含的新创新，在“干中学”的过程中，有利于提高落后国家（地区）的综合实力和竞争力（Keller，2002）。其次，进口贸易具有一定的创新扩散效应和节约效应。一方面，一国通过进口贸易将包含创新资本的国外中间产品引进到国内并进入产品生产过程，从而有利于改善和提高国内产品质量或丰富国内产品数量，促进经济增长（Keller，2002）；另一方面，技术、管理经验及人力资本的直接引进在一定程度上能够避免重复劳动从而在更大范围内提高创新生产效率（Coe and Helpman，1995）。Lawrence（2000）对日本和韩国不同时期相关数据的分析研究发现，进口贸易、产业政策与劳动生产率之间有着密切的关系，进口贸易不仅有助于提高中间产品的质量，而且还可以通过强化竞争等提高部门劳动生产率。Connolly（2003）以包含发展中国家和发达国家在内的 75 个国家 1965~

1990 年的进口贸易和专利等相关数据分析发现，高科技产品的进口会对发展中国家的创新资本生产产生很大的溢出效应，并且与发达国家相比，进口贸易对发展中国家的溢出效应更明显。

仇怡和方齐云（2005）指出，通过进口贸易的传导机制，贸易伙伴国的先进技术和管理经验及科研成果均能显著地提高东道国技术水平。喻美辞和喻春娇（2006）通过构建一个包含人力资本在内的进口贸易技术溢出模型并利用中国和 G7 国家的时间序列数据分析发现，国内外创新存量均能有效地促进中国全要素生产率的提高。蔡虹和孙顺成（2008）在 CH、LP 等经典技术溢出计量模型的基础上进行了改进，构建了适中的技术溢出模型，并利用中国 1989~2002 年的相关数据进行了实证分析，结果表明，进口贸易产生的溢出效应对中国经济增长产生了显著的促进作用。谢建国和周露昭（2009）利用 1992~2006 年的中国省际面板数据，分析了基于进口传导机制的国外研发投入对中国区域的溢出效应，分析结果显示，国外 R&D 通过进口贸易的传导机制能够显著地影响中国全要素生产率。为进一步分析国外研发对全要素生产率的影响，作者采用基于 DEA 的 Mainquist 指数法生产率模型将全要素生产率分解为创新效率和创新生产两部分，实证分析的结果表明，国外研发溢出对全要素生产率的作用机制主要是通过提高创新产出而非创新效率实现的。

但是，也有学者研究指出，国际贸易对发展中国家的创新生产和溢出有限，这是因为：一方面，发展国家人力资本质量较低，且在自由贸易中大多承担的是技术含量较低的劳动密集型或资源密集型的产品，从而导致国际贸易对发展中国家创新溢出和全要素生产率提高的作用十分有限（Grossman and Helpman，1989）；另一方面，国际贸易通过创新溢出影响生产率促进经济增长的过程中存在着一定的“门槛效应”（Moschos，1989）。李小平和朱钟棣（2006）使用六种方法测算国外研发资本，并采用创新溢出回归方法对通过进出口贸易的创新溢出对中国工业行业全要素生产率的影响进行了分析，结果发现，有两种方法认为通过国际贸易的创新溢出对全要素生产的影响为负或不显著，而其余四种方法则得到了显著为正的结论。

（二）外商直接投资、创新溢出与经济增长

外商直接投资是一种包括资本、技术、管理和企业家精神的综合体，是维持公司运转并在国外市场上提供商品和服务的重要保障，对扩大东道国创新存量，并通过劳动力培训、技能获取和扩散及引进新的管理经验和组织安排等促进经济增长。一般地，学者们普遍认为外商直接投资主要通过示范效应（Demonstration - Limitation Effect）、竞争效应（Competition Effect）、人力资源流动效应（Human Resource Flowing Effect）和关联效应（Linkage Effect）产生创新溢出，促进东道国创新资本积累和经济增长（刘志铭和申建博，2006）。一般地，跨国公司在向发展中国家进行投资时通常会伴随着无形资产和先进技术的转移，这种转移一般会通过人才的跨国流动、技术合作等形式对东道国企业产生间接的创新溢出，进而有利于东道国技术进步。根据创新溢出发生的企业之间的前后向关系不同，外商直接投资产生的创新溢出主要有两种途径，即水平产业间的创新溢出和垂直产业间的创新溢出。水平产业间的溢出效应主要体现在两个方面：一方面，外商直接投资企业通常掌握着先进的技术、设备和丰富的管理经验、营销手段等，但出于专利保护的考虑，这些企业并不会将它们所掌握或拥有的先进技术、设备、管理经验等直接传授给东道国企业，但创新资本的外部性特征使其仍会对东道国企业产生一定的示范效应，从而促进东道国企业通过引进类似技术、设备、优秀人力资本等来模仿、消化和学习外商企业的先进技术和管理经验等（Cavest，1974）。另一方面，外商直接投资企业通过与东道国企业的合作或合资研发、跨国公司向东道国子公司的人才流动等途径同样有利于促进东道国企业的创新溢出，进而影响东道国企业的创新生产（原小能和宋杰，2007）。此外，外商直接投资的介入能够大大降低产业内和产业间的垄断，促进资源的有效配置从而有利于生产率的提高。垂直产业间的创新溢出主要是指外商直接投资企业为了在东道国得到质量更好的中间产品和服务，往往也愿意通过产业间的前后向关联关系向相关企业提供一定的技术创新和管理经验，进而也有助于提高东道国相关企业的创新水平和生产率水平（Javorick，2004；王耀中和刘舜佳，2005）。

有关外商直接投资与经济增长的作用机制方面的研究，不同的学者也从不同层面给予了分析。外商直接投资与人力资本的相互作用首先引起学者们的注意，Borensztein 等（1998）对 69 个发展中国家 1970~1989 年的跨国回归分析表明，外商直接投资会通过人员交流和培训等对东道国人力资本产生重要影响并显著促进经济增长，并指出，相比于国内投资，外商直接投资对经济增长的影响更大，同时还能够极大地刺激国内投资增长。Kentor（1998）从国内外投资互补的角度，通过计算外资依存度得出，在 1940~1990 年，外资依存度较高的国家的经济增长速度要低于外资依存度较低的国家。此外，也有学者从东道国收入水平（Solomon，2011）、技术差距（Lia and Liu，2005）、政策环境（Solomon，2011）、贸易开发制度（Zhang，2001）等角度分析了外商直接投资对经济增长的影响机制等。

实证方面，由于样本选择（如发达国家与欠发达国家）、评估技术（如 OLS、格兰杰因果关系、协整、误差修正模型）、选定的时间段、估计方法（如时间序列）等不同，外商直接投资对经济增长的结果也不完全相同。Shaikh（2010）对 47 个发展中国家 1981~1999 年制造业相关数据的 OLS 回归，Faras 和 Ghali（2009）对 GCC 国家 1970~2006 年相关数据的单位根检验，Nair-Reichert 和 Weinhodl（2001）对 24 个发展中国家 1971~1995 年相关数据的混合固定和随机系数方法分析均表明，FDI 对经济增长具有明显的促进效应。De Mello（1999）对 32 个包含发展中国家和发达国家的 1970~1990 年的相关数据的稳定性测试结果表明，FDI 对经济增长的作用十分微弱。Sarkar（2007）对 51 个欠发达国家 1970~2002 年的相关数据运用 OLS 固定效应和随机效应回归分析表明，绝大多数国家 FDI 对长期经济增长并无影响。Khaliq 和 Noy（2007）对印度尼西亚 1998~2006 年的采矿业相关数据进行 OLS 固定效应回归分析表明，FDI 对经济增长存在负效应。

（三）国内区域间的创新溢出与经济增长

地理邻近性是影响创新溢出的重要因素之一（Anselin，1997），这是因为创新溢出通常来源于与产业关联者及消费者和竞争者的直接接触的过程中，同时地理上的邻近更有助于创新生产者之间的沟通与交流，从而能够很大程度上降低创新生产过程中的不确定性。因此，创新溢出与创新活动通常呈现出一定的空间集聚性或空间依赖性的特征（Rosenthal and Strange，2005）。Funke 和 Niebuhr（2000）通过对德国 75 个地区的横截面数据的研究分析指出，溢出效应在地理邻近的区域之间表现得更为明显，且地理空间距离每增加 23~30 公里，溢出效应减少 50%。Bode（2004）指出，受空间交易成本的影响，区际创新溢出具有一定的边界，空间上较邻近的区域更容易吸收来自创新溢出源地区的创新溢出。白俊红（2015）认为，区域间的创新溢出往往是伴随着创新资本的空间流动而产生的。这是因为创新资本本身具有的稀缺性和逐利性特征会驱使其从边际收益率较低的地区向较高的地区流动（杨省贵和顾新，2011）。如以 R&D 人员为例，其是创新资本生产的关键要素，与此同时，R&D 人员自身作为一位理性的经济人，必将试图追求其自身利益的最大化，因而他们会更倾向于向收入待遇更丰厚、基础设施更完善、发展机遇更多的区域迁移；同样地，R&D 资金的逐利性也会使它们向投资回报率更高的区域流动。由于流动成本的制约，这种创新资本的流动一般也呈现一定的地理邻近性特征。除了地理邻近性，区际创新溢出还受到认知邻近（李琳和韩宝龙，2011）、技术邻近（Aldieri，2011；王庆喜、王巧娜和徐维祥，2013）、组织邻近（黎振强，2011）等的影响。

区际创新资本生产所产生的溢出效应对区域生产率的影响主要有两方面的表现：一方面，区际创新溢出有利于提高地区的创新水平，进而促进生产率水平的提高和经济增长。Lopez-Bazo（2004）指出，区际创新溢出在一定程度上能够抵消地理空间上的边际收益递减效应，同时促进区域创新资本生产和生产率增长。Peri（2005）通过对 1975~1996 年北美和欧洲 113 个国家和地区的专利被引用情况相关数据的分析研究发现，区域间创新资本要素的流动产生的外部性对创新资本生产和生产率的提高具有显著的正效应。Cassar 和 Nicolini（2008）通过对局域化创新资本溢出效应对生产率的影响的研究指出，地理邻近的区域之间的创新资本要素投资所产生的溢出效应能够大大提高区域创新资本研发成功的可能性，进而有助于促进区域经济增长率的提升。另一方面，创新溢出的空间集聚性和空间依赖性能够促进产业集聚并提高生产效率。创新资本溢出的空间集聚与空间依赖能够有效地促进经济主体间的交流与沟通，从而大大降低创新资本生产与创新成果转化的机会成本，促进创新产业集群的发展和创新资本生产率的提高（Audretsch and Feldman，1996）。但同时也有文献指出这种假定创新资本溢出带来经济要素的集聚是不全面的，认为创新资本溢出与集聚之间并不是单方面的，两者之间存在一种相互促进、互为影响的关系。Berlaint（2006）从人力资本的角度分析了创新资本溢出与集聚之间的相互促进关系，指出具有异质性的人力资本通过交流与沟通能够有利于新的创新资本的生产并有助于提高经济效益，从而导致人口的空间集聚。而这种人口空间上的集聚进一步为创新资本溢出提供了更多途径和方法，促使创新资本溢出向更加专业化的方向发展，大大提高了创新资本溢出的效率。符淼（2009）指出，创新资本溢出是导致创新资本和经济活动呈现局部集聚的关键原因，并且创新资本集聚度一般高于经济活动的集聚度；创新资本的集聚在地理分布上通常表现出高度的一致性；创新资本的溢出效应会随着地理空间距离的增加呈现不断减弱的趋势，以 800 公里为界，在此距离之内是创新资本溢出的密集区，超过这一界限创新资本溢出效应会急剧下降，至 1250 公里时创新资本的溢出效应将减少到 50%。他指出，创新资本溢出效应所具有的距离衰减性是导致当前中国创新资本生产和经济活动呈现明显的局部集聚和区域发展差距不断扩大的重要原因之一。

三、创新资本溢出与创新资本吸收能力

影响创新资本生产的不仅仅是自身内部创新资本投入要素的多寡，在开放经济条件下，发展中国家能够通过与发达国家之间的对外贸易及外商直接投资等物化型创新资本所产生的溢出效应获益，但对于这种溢出效应究竟能在多大程度上促进落后国家和地区的创新资本生产和经济发展却尚未得到定论（Mariano and Pilar，2005），这是因为受各种因素的影响和制约，不同地区对创新资本溢出的吸收能力不同。Cohen 和 Levinthal（1989）最早对吸收能力这一概念进行了分析和解释，指出创新资本生产不仅有利于新创新成果的生产，对增加组织对外部创新资本的吸收也发挥着极大的作用，并指出吸收能力实质上是落后地区引进、消化和吸收发达地区先进

成果和经验的一种能力，其大小与创新资本存量有着密切的联系，一般地，创新资本存量越多，吸收能力越强。需要指出的是，这里的吸收能力不仅仅是一种简单机械的模仿，还包括对创新资本进一步的消化、吸收和再创新，是从创新资本获取到对其的同化、转化和再利用的一种综合能力（Zahra and George，2002；Narula，2004）。一国并不能从创新资本的溢出效应中直接受益，还要受东道国人力资本水平、金融市场发展程度、贸易开放程度、政策环境等多方面的约束。换句话说，即使两个国家（地区）面临的创新资本溢出的环境相同，也不能完全保障它们能从该溢出效应中获得均衡的回报，这是因为不同国家（地区）因其自身创新存量、制度环境、人力资本等禀赋的不同导致对创新溢出的同化、转化和再利用的能力也不完全相同（Giuliani and Bell，2005）。正是这种对创新溢出吸收能力的差异的存在，导致不同国家（地区）之间创新溢出的程度和效应存在着较大的不均衡（Escribano et al.，2009）。对于影响吸收能力的关键因素，国内外学者有着不同的分析视角：

（1）东道国研发水平。东道国研发水平对创新资本溢出吸收能力的影响主要来自于两方面：一方面表现在东道国初始创新资本存量上。研发生产过程是一个创新资本生产、学习和利用的过程，而其生产本身又具有明显的循环积累效应和路径依赖特征，新的创新资本的生产一般是建立在已有创新资本存量的基础上，这也就是说，较高的初始创新资本存量更有利于东道国企业和厂商对创新溢出的吸收、消化、模仿和再创造（刘志铭和申建博，2006）。Keller（2001）的研究分析显示，1983~1995 年 G7 国之间的创新资本外溢对经济增长的促进作用远远大于发展中国家，这是因为与发展中国家相比，发达国家具有更多的创新资本存量、更完善的吸收机制，更有利于创新资本溢出的吸收。另一方面表现在东道国研发水平上。研发投入提高了东道国企业和厂商对国外创新溢出的吸收、消化、模仿和再创造的能力，从而有利于其对外部创新溢出的吸收。正如 Cohen 和 Levinthal（1989）、Fagerberg（1994）表述的那样，厂商通过创新资本投入并花费一定的时间和成本来创造提高其有形资产或无形资产，并进一步提高自身的创新水平，因此，国内研发水平有利于促进本国对国外创新溢出的吸收能力。

（2）人力资本。人力资本既是创新资本生产重要的投入要素，也是创新资本溢出的重要载体，对创新资本生产和溢出的吸收发挥着关键作用。东道国的人力资本水平是其获取国外创新资本溢出的必要条件之一（Narula，2004）。Engerlbrecht（2002）、Olfsdotte（1998）的研究表明，人力资本在国外创新溢出的吸收过程中具有明显的正向作用。Kneller（2006）利用随机前沿分析方法研究前沿技术与吸收能力之间的关系，结果表明，人力资本和 R&D 活动在提高吸收能力进而提高生产率过程中起到关键作用，其中人力资本的作用尤为突出。相反，也有学者从人力资本结构和其“锁定效应”（Locking Effects）的研究角度分析指出，与东道国人力资本的绝对水平相比，人力资本结构更能反映其创新资本溢出的吸收能力，而与东道国高校和科研机构相比，企业的创新生产行为对提高东道国吸收能力的贡献会更大，从而得出，为提高一国吸收能力应该鼓励更多优质的、不同类型的研发人员参与到企业的研发生产活动中去（Lankhuizne M.，1998）。Chari 和 Hopenhayn（1991）、Jovanovic 和 Nyarko（1996）指出，由于人力资本的锁定效应降低了企业和个人从事创新资本生产的动力，为避免已有生产技能因新技术的使用而导致价值丧失，他们将在较长的时间内继续使用和投资原有创新。

（3）创新资本水平差距。Barro 和 Sala-i-Martin（1995）研究指出，一国和地区对创新资本溢出的吸收能力与东道国与溢出国之间的创新资本水平差距密切相关，与创新初始水平差距呈正向相关关系，并指出落后国家和地区可利用这一“后发优势”实现赶超，也就是说，发展中国家（地区）和发达国家（地区）最终创新资本水平将趋于收敛。Acemoglu 等（2002）指出，东道国与溢出国之间创新资本水平差距越大，通过贸易和引资带来的创新溢出的回报越大。然而也有一些学者的研究表明，东道国与母国创新差距对溢出的影响并不都具有正向作用，他们认为，创新初始水平较低的落后国家和地区对创新的吸收和消化、学习能力相对较弱，通过跨国公司、进出口贸易等引进的先进创新资本并不能有效地消化和吸收，因而对东道国生产率的提高的作用并不显著。Liu 等（2000）对英国制造业 1991~1995 年数据的分析和研究表明，创新差距较小的行业其创新溢出效应却更明显。Papageorgiou（2002）和 Stokke（2004）指出，创新差距越大越不利于落后国家真正融入到全球经济中，因而不利于其吸收先进的创新资本。

（4）经济开放度。经济开放度越高，意味着更多的进出口贸易联系，从而拥有更多学习和吸收国外先进创新资本的机会（Helliwell，1992）。Blomstrom 和 Sjoholm（1999）、Barrios 和 Strobl（2002）指出，对于外向型行业，企业经营者和所有者为了应对日趋激烈的市场竞争环境往往会加大对研发的投入力度以使自身拥有较强的吸收能力。然而，也有学者对经济开放度对吸收能力的影响持悲观的态度。Kokko（1994）研究分析表明，贸易开放对外商直接投资创新溢出效应的作用方向是不确定的，对该作用方向发挥重要影响的是东道国贸易政策的贸易导向，实施出口导向型贸易政策的东道国往往能够获得更为显著的创新溢出收益（Balasubramanyam et al.，1996）。

此外，还有许多学者从基础设施状况（Stem，1991）、行政效率、创新产权保护度（Tortensson，1994）、金融市场效率等角度对东道国的吸收能力进行了详细的考察。

四、文献评述

综合上述的文献研究可以发现，现有文献的主要贡献在于：一是探讨了国际贸易和外商直接投资等国外研发溢出对国内创新资本生产和经济增长率的影响和作用机制；二是探讨了区域间的创新溢出及其对经济增长率的影响机制；三是从东道国研发水平、创新差距、人力资本、对外开放度等多方面探讨了创新吸收能力对创新资本生产及经济增长率的影响。但是，出于数据可得性等方面的不足，对创新溢出的研究大多仍集中在国外创新溢出，对国内创新溢出尤其是区域间的创新溢出及其对经济增长率的影响研究仍相对不足。此外，创新吸收能力是影响创新溢出效应的重要因素之一，但已有文献对此的关注相对较少。本书希望在以下方面有所突破：一是将进出口贸易和外商直接投资等物化型的国际创新溢出方式同时纳入到创新生产的分析框架中并综合分析其对经济增长率的影响与经济发展现实更为接近；二是我国幅员辽阔，区域发展不均衡现象在未来较长一段时间内都很难消除，因此技术领先地区的创新溢出效应对落后地区的发展会产生较大的示范效应、链接效应和人员培训效应等，从而促进落后地区经济增长率的提升，本书将国内创新溢出也纳入到创新生产的分析框架中，以期较全面地反映创新生产对经济增长率的影响和作用机制。

本章小结

创新资本的概念相对较新，但对创新资本的研究其实并不新。创新资本在创新作为经济要素进入生产领域促进经济增长的时候就已经产生，早在马克思主义经济学、传统古典经济学、熊彼特创新经济学、新古典经济学中就有学者对创新资本的概念进行了阐释，只是当时的学者们把创新作为一种来源于经济系统外的或生产过程中偶然产生的，是生产的“副产品”，直到20世纪80年代中后期，新增长理论的兴起对创新资本概念的确立具有重要的意义。这个时候，世界发达国家经济发展已经相对成熟，以科技进步等为主要内容的创新日益成为驱动经济增长的主导力量，企业为获取创新利润和垄断利润，开始了以创新为主要内容的创新生产，催生了一大批研发部门、科研院所和机构等，自此进入到了创新资本的时代。创新积累是影响经济增长的关键因素，新创新的出现不再是一种偶然现象，而是追求利润最大化的经济主体的一种有意识的投资行为的产物，通过建立一个包含研发部门的生产函数模型将创新资本生产内生化，为解释创新生产如何内生决定经济增长提供了有益的启示。

创新生产是内生经济增长理论中的重要内容。影响创新资本产出的因素有很多，创新不仅可以从直接的 R&D 研发活动中获取，在开放经济条件下，外商直接投资、国际贸易等物化型的创新溢出也是一国或地区（尤其是发展中国家和落后地区）获取创新资本的重要渠道。除国外创新溢出外，国内区域间的创新溢出也是影响创新资本产出和经济增长率的重要因素，尤其是对于幅员辽阔、区域发展不均衡的发展中国家而言，区际创新溢出对研发生产和经济增长率的作用不能忽视。但是受人力资本水平、技术差距、经济开放程度、制度环境（如创新产权保护等）等因素的制约，各国和地区对创新溢出的吸收能力具有一定的差距，这也是处于同一发展阶段的不同国家面临相同的外部环境经济发展却不同的重要原因。

经验研究方面，由于研究对象、研究方法、时间跨度等的不同，对创新资本各要素与经济增长关系的实证研究得出的结论并不完全一致。这就为下文结合中国实际分析创新资本及各投入要素对区域经济增长的作用提供了必要性。

第四章

创新资本及其生产与经济增长：模型构建

随着经济全球化进程的不断深化，创新资本在国家与国家之间和地区与地区之间的流动已经变得相当普遍，在开放经济条件下研究一国或地区经济长期增长是如何内生决定的已经成为当前理论界关注的重要问题。

根据前面有关章节的分析，按照创新资本获取渠道的不同我们将创新资本生产划分为两种类型，即研发生产和吸收外部创新溢出。其中，R&D研发和区域之间的创新溢出是国内创新资本获取的主要渠道，国际贸易、外商直接投资等是获取国外创新溢出的主要形式。当前，来自国外创新溢出的创新模仿在现代经济增长理论中的作用日益凸显，尤其是对处于发展中的落后国家和地区，通过引进外资和国际贸易等渠道获取发达国家或地区先进的科学技术和管理经验已经成为它们获取创新资本的重要途径。特别是在经济发展的早期阶段，由于落后国家或地区自身创新资本存量相对较少、人力资本水平还较低，引进、消化、模仿、再创新往往是它们获取创新资本的重要来源之一。Coe 和 Helpman（1995）、Harrison（1996）、Aghion 等（2008）的研究表明，国外研发溢出对国内生产力有正面的影响，而其效果随对外开放程度的增加呈上升趋势。考察开放经济条件下的经济长期增长，主要是通过考察国际贸易、外商直接投资等产生的创新溢出影响国内创新资本产出，进而推动国内经济增长（Seterstrom，Anant and Dinopoulos，1990；Grossman and Helpman，1991；Aghion and Howitt，1998）。此外，区域间的创新溢出对区域内创新资本积累具有重要的影响，对于幅员辽阔、区域发展相对不均衡的发展中国家而言更是如此。

通过梳理相关文献发现，与新古典经济增长理论相比，内生经济增长理论最重要的贡献在于其解释了创新生产是如何内生决定的。纵观世界各国经济发展历程发现，各国经济发展差距的一个重要原因就在于它们之间创新水平的不同，而创新资本投入的多寡是影响创新产出的重要指标，这已经从众多国家的发展现实中得到了印证。然而，现有的经济增长理论多是从发达国家角度出发，一旦应用于检验发展中国家就会出现理论上的不足，这主要是对于创新产品特性的描述。多数经济增长理论沿袭了罗默（假定创新非竞争性）的思想，并进一步将其扩展到开放经济条件下，认为落后国家和地区将实现赶超并最终收敛于发达国家水平。也就是说，大多数经济增长理论普遍认为，落后国家（地区）可以通过创新资本的引进、模仿和消化再创新等达到经济赶超的目的。然而，也有大量的实证研究对落后国家（地区）的赶超效应提出了质疑（Williamson，1996；Temple，1999）。

因此，要解释发展中国家的创新生产和创新溢出首先就必须要深入地了解创新生产的内生机制和特征。不同于一般普通商品，创新产品具有两个重要的特征：自我累积效应和路径依赖。前者表明，以往的研发模式和创新资本存量会影响创新生产，后者则是说发达国家与发展中国家要素禀赋和生产条件不同，路径依赖的存在使发展中国家从发达国家引进的创新并不能完全适应发展中国家的环境。创新生产所具有的自我累积效应和路径依赖特点，使发展中国家对国外创新溢出的吸收和学习效果依赖于其自身吸收能力。换句话说，发展中国家并不一定能完全充分地吸收、消化和利用来自发达国家的创新溢出，发展中国家的创新吸收能力对其创新模仿、引进和学习的效果发挥着决定性作用。

在已有研究文献的基础上，本章通过构建一个开放经济条件下包含三部门的生产函数，同时将吸收能力这一变量引入内生经济增长模型，以全面考察东道国吸收能力与创新溢出、稳态经济增长率之间的关系。本章主要包括三小节的内容：第一节是开放经济条件下三部门增长模型的构建；第二节是在第一节的框架下分析模型的竞争性市场均衡，并得到均衡的经济增长率；第三节是进一步对均衡增长率进行比较静态分析，考察各变量对均衡增长率的影响方向甚至影响程度。

第一节　开放经济下的三部门模型

一、模型的基本假设

本章所描述的开放经济增长模型是建立在三部门经济，即最终产品生产部门、中间产品生产部门和创新资本生产部门基础上的。

假设 1　经济体是由区域 1 和区域 2 组成的，只生产一种最终消费品（Y）。

假设 2　劳动力主要分布在两个部门：一部分是投入到最终消费品生产部门的一般劳动力（H_Y），另一部分是投入到创新资本生产部门的人力资本（H_R），两部门的劳动力综合等于社会劳动力总量，即 $H=H_Y+H_R$。

假设 3　创新资本生产部门主要运用投入到该部门的人力资本在已有创新资本存量的基础上并结合开放经济条件下通过贸易或资金往来等形式从国内其他区域及国外获取到的创新溢出进行创新资本的研究、开发与生产，并将生产出来的中间产品通过发明和专利（P）申请的方式获得所有权。

假设 4　中间产品生产商运用购买来的专利生产新的中间产品，然后出售给下游的最终消费品生产部门。

假定 5　最终消费品生产部门用购买到的中间产品（x_i）和通过区域外中间产品（x_{i*}^{*}）及投入的一般人力资本（H_R）进行最终消费产品（Y）的生产，并销售出去，获取经济利润。

二、模型设定

（一）最终消费品总量生产函数设定

按照罗默（Romer，1990）考察具有中间产品的生产函数的思路，我们采用扩展的 Cobb-Douglas 生产函数定义最终消费品生产函数：

$$Y = F(A, K, H_Y) = AH_Y^{\alpha}\left[\int_0^N x_i^{\beta}di + \int_0^{\phi N^*} x^*{}_{i^*}^{\beta}di^* + \int_0^{(1-\phi)N^*} x^*{}_{i^*}^{\beta}di^*\right] \quad (4-1)$$

其中，α>0，β>0，且 α+β=1；A 代表除劳动力、资金和创新资本外的影响生产函数的因素，如制度、法律、文化等；N、N^* 代表区域内和区域外中间产品种类数；x_i、$x_{i^*}^*$ 代表区域内和区域外获取的第 i 和第 i^* 种中间产品的数量。

同时，由于我们考虑到模型建立要服务于后面对中国实际情况的实证分析，因此，本章假定 $N^*>N$，即区域外中间投入品的种类数大于区域内中间投入品的种类数，也就是说区域内创新资本相对缺乏，因此为区域内进行创新引进、模仿和吸收、利用提供了可能。

为保持连续性，我们认为在中间产品生产部门［0，N］上分布着无数个中间产品生产企业，并且每个企业只生产一种与其他企业完全不同的中间产品，即假定它们之间不存在直接的替代关系或互补关系。在式（4-1）中，ϕN^* 表示的是与区域内中间投入品重叠的来自国外和国内其他区域的中间投入品，因而该部分中间投入品利润由区域内和区域外的相关企业共同分享，即 $N=\phi N^*$；$(1-\phi)N^*$ 表示本区域内企业无法生产而需要从其他区域引进的中间投入品，因而其利润由区域外的相关企业完全占有。同时，为了简化模型，遵循 Romer（1990）、Batiz（1991）的思路，我们假定在中间产品生产部门中，生产任一类型的单位中间产品 x_i 需要消耗 η 单位的最终消费品 Y，也就是说，中间产品的生产函数是符合线性表达式的。因此，若 K 表示经济系统中物质资本存量，则有 $K=\int_0^N x_i di$。

（二）创新资本部门生产函数设定

现在我们来看创新资本生产部门如何“生产”新的中间产品。首先创新资本产出由投入到该部门的人力资本和已有的创新资本存量共同决定，其中创新资本存量又包括两个部分，即本国已有的创新资本存量和在开放经济条件下通过进出口贸易、外商直接投资和信息交流等渠道获得的国外及国内其他区域的创新外溢。我们定义如下创新资本生产函数：

$$\dot{N}=\sigma H_R[N+G(\cdot)(1-\phi)N^*] \tag{4-2}$$

其中，$\dot{N}$ 代表创新资本增量；σ 代表创新资本生产部门生产力参数；N、N^* 分别表示区域内和区域外已有创新资本存量，即已被研发出来的中间产品种类；H_R 代表人力资本投入量；G（·）代表对区域外部创新溢出的吸收能力，既包括来自国外的创新溢出，也包括来自国内其他区域的创新溢出，是对外开放度、创新初始存量、创新差距、地理空间距离等因素的函数。

式（4-2）表示，区域内创新资本生产不仅取决于本区域内部创新研发生产，还与来自本区域之外的创新外溢有着密切联系，其中 $G(1-\phi)N^*$ 表示区域外创新溢出；N^* 表示区域外创新资本存量，其数值越高，表示可供本区域研发生产部门模仿学习的创新集越大，越有利于本区域创新产出率的提高；ϕN^* 表示的是区域内和区域外的研发生产部门的重叠，这部分的区域外创新并不能对本国产生创新溢出，其中系数 φ 表示了区域内创新生产与区域外创新生产的相对差距，其数值越小，表示相对于区域外创新生产，区域内创新生产水平越低，从而能更容易地发生创新溢出效应；$G(H,D,S,I,I^*-I)$ 是影响创新溢出的重要因素，反映了区域 1 对区域外创新溢出的吸收能力，每单位量的 N^* 会产生 $G(H,D,S,I,I^*-I)N^*$ 单位的创新溢出，$G(H,D,S,I,I^*-I)$ 越大表示区域对创新溢出的吸收能力越强。本章将 $G(H,D,S,I,I^*-I)$ 看作一个关于人力资本、经济开放度、区域研发水平、创新水平差距等的函数，反映了区域 1 对区域外创新溢出的吸收能力。其中，经济开放度 $D\in(0,+\infty)$，受经济发展程度、自然资源丰裕情况、经济结构特征、历史文化传统、政治与经济政策等多方面因素的影响，D=0 表示经济完全自给自足，$D=+\infty$ 表示经济完全开放；$0\leqslant G\leqslant 1$，且 $\partial G/\partial D>0$，$\partial G/\partial H>0$ 表明吸收能力与经济开放度和人力资本存量水平正向相关。而如前面文献综述所阐述的那样，吸收能力与研发水平、创新水平差距、制度环境的相关关系要根据研究对象的实际情况具体分析。

（三）消费者偏好设定

假定代表性家庭在一个无限期界上的效用函数为：

$$U(C)=\begin{cases}\int_0^{\infty}\frac{C^{1-\rho}-1}{1-\rho}e^{-\theta t}dt,\ \rho>0,\ \theta>0,\ \rho\neq 1\\ \int_0^{\infty}\ln Ce^{-\theta t}dt,\ \theta>0,\ \rho=1\end{cases} \tag{4-3}$$

其中，θ 表示消费者的主观时间偏好率，1/ρ 表示跨期替代弹性。

第二节　市场均衡分析

一、代理人行为

我们假设最终消费品（Y）的价格为 1，即 $P_Y=1$；用 W_{H_Y}、W_{H_N}依次表示投入到最终消费品部门和创新资本生产部门的人力资本工资报酬率；用 P_{x_i}、$P_{x_{i^*}^*}$ 分别表示区域内、区域外中间产品的价格；同时，假设最终消费品市场、劳动力市场和资本市场都是完全竞争的，而中间产品市场则是完全垄断的。下面我们逐个分析各代理人的最优决策行为。

（一）最终消费品部门决策

最终消费品生产厂商通过投入数量分别为 x_i、$x_{i^*}^*$ 的区域内中间产品和区域外中间产品，雇用数量 H_Y 的人力资本进行生产，代表性厂商面临如下优化问题：

$$\underset{H_Y,\ x_i,\ x_{i^*}^*}{Max\gamma}=Y(H_Y,\ x_i,\ x_{i^*}^*)-W_{H_Y}H_Y-\int_0^N P_{x_i}x_i di-\int_0^{\phi N^*}P_{x_{i^*}^*}x_{i^*}^*di^*-\int_0^{(1-\phi)N^*}P_{x_{i^*}^*}x_{i^*}^*di^* \tag{4-4}$$

由一阶条件得到最终消费品生产部门的最优生产决策条件：

$$W_{H_Y}=\frac{\alpha Y}{H_Y}=\alpha AH_Y^{\alpha-1}\left[\int_0^N x_i^{\beta}di+\int_0^{N^*}x_{i^*}^{*\beta}di^*+\int_0^{(1-\phi)N^*}P_{x_{i^*}^*}x_{i^*}^{*\beta}di^*\right] \tag{4-5}$$

$$x_i = H_Y\left(\frac{A\beta}{P_{x_i}}\right)^{\frac{1}{\alpha}}，即\ P_{x_i} = A\beta H_Y^{\alpha} x_i^{-\alpha} \tag{4-6}$$

$$x_{i^*}^{*} = H_Y\left(\frac{A\beta}{P_{x_{i^*}^{*}}}\right)^{\frac{1}{\alpha}}，即\ P_{x_{i^*}^{*}} = A\beta H_Y^{\alpha} x_{i^*}^{*(-\alpha)} \tag{4-7}$$

由上述条件可以看出，所有区域内（外）企业生产的中间产品都对应地投入到最终产品生产部门，因而它们面临的需求函数完全相同，所以 P_{x_i} 和 $P_{x_{i^*}^{*}}$ 中的 i 和 i^* 可以省略。

（二）中间投入品生产部门决策

由式（4-6）和式（4-7）可以看出，中间产品生产商面临的是一条向右下方倾斜的需求曲线，也就是说，中间厂商对各自生产的中间产品均具有一定的市场垄断力，从而它们可以获得相应的高垄断利润，这也是中间产品生产商不断购买创新资本并进行产品创新的重要动力。

我们将中间产品生产商购买创新资本生产部门研究、开发出来的新产品（专利、发明）所花费的那部分支出定义为固定成本，而可变成本部分为 ηx，则中间产品生产商的最优化决策的表达式如下：

$$\underset{P_x}{Max}\,\pi_m = P_x \times x - \eta x \tag{4-8}$$

将 $P_x = A\beta H_Y^{\alpha} x^{-\alpha}$ 代入上式，由一阶条件得到中间产品生产商的最优生产决策条件：

$$P_{x_i} = P_{x_{i^*}^{*}} = P_x = \frac{\eta}{\beta} \tag{4-9}$$

将式（4-9）代入式（4-6）和式（4-7）得到：

$$x_i = x_{i^*}^{*} = A^{\frac{1}{\alpha}}\eta^{-\frac{1}{\alpha}}\beta^{\frac{2}{\alpha}}H_Y \tag{4-10}$$

由于 α>0，β>0，且 α+β=1，可知中间产品的垄断定价 $P_x = \frac{\eta}{\beta}$ 高于其平均生产成本 η，所以存在垄断定价 π_m：

$$\pi_m = P_{x_i} \times x_i - \eta x_i = \alpha\eta^{-\frac{\beta}{\alpha}}A^{\frac{1}{\alpha}}\beta^{\frac{1+\beta}{\alpha}}H_Y \tag{4-11}$$

同时注意到，由于存在着区域内外中间投入品的重叠部分，因此，这部分重叠的中间投入品的垄断利润要由区域内外相关中间产品生产商共同分配，即各自分享 $\pi_m/2$。而对于 $(1-\phi)N^*$ 种类的国外中间投入产品，因为不存在与之相竞争的区域内企业，因而垄断利润完全由区域外相关中间产品生产商所有，即为 π_m。由此我们可以得到区域中间投入品生产厂商提供的资本品为：

$$K=\frac{1}{2}NA^{\frac{1}{\alpha}}\eta^{-\frac{1}{\alpha}}\beta^{\frac{2}{\alpha}}H_Y \tag{4-12}$$

区域外中间投入品生产厂商提供的资本品为：

$$K^*=\frac{1}{2}\phi N^*A^{\frac{1}{\alpha}}\eta^{-\frac{1}{\alpha}}\beta^{\frac{2}{\alpha}}H_Y+(1-\phi)N^*A^{\frac{1}{\alpha}}\eta^{-\frac{1}{\alpha}}\beta^{\frac{2}{\alpha}}H_Y \tag{4-13}$$

由式（4-1）、式（4-10）我们可以得到最终消费品生产厂商在均衡条件下的产出水平：

$$Y=AH_Y^{\alpha}\left[\frac{1}{2}Nx^{\beta}+\frac{1}{2}\phi N^*x^{*\beta}+(1-\phi)N^*x^{*\beta}\right]$$

整理可得：

$$Y=A^{\frac{1}{\varepsilon}}\eta-^{\frac{\beta}{\alpha}}H_Y\beta^{\frac{2\beta}{\alpha}}[N+(1-\phi)N^*] \tag{4-14}$$

由上式我们可以看出，最终消费品产出水平与区域内中间投入品 x_i 及区域外中间投入品 x_i^* 均正向相关，即区域内中间产品的投入和区域外中间产品的投入均能带来最终消费品产出的增加。

(三) 研发部门决策

在创新资本生产部门，我们用 W_{H_N} 表示创新人力资本的报酬率，用 P_N 表示专利价格，因此创新资本生产部门的总收益函数为：

$$TR=P_N\times\dot{N}=P_N\sigma H_R[N+G(\cdot)(1-\phi)N^*] \tag{4-15}$$

研发部门的总成本函数为：

$$TC=H_N\times W_{H_N} \tag{4-16}$$

则研发部门面临的最优问题为：

$$\underset{W_{H_N}}{Max}=TR-TC=P_N\sigma H_R[N+G(\cdot)(1-\phi)N^*]-H_N\times W_{H_N} \tag{4-17}$$

由一阶条件得到创新资本生产部门的最优生产决策条件：

$$W_{H_N}=P_N\sigma[N+G(\cdot)(1-\phi)N^*] \tag{4-18}$$

同时，由于劳动力市场完全竞争的假设条件决定了创新人力资本可以自由进入，因此创新资本生产部门的专利价格应该等于中间生产商所能获得的收益的贴现值，即：

$$P_N = V(t) = \int_0^{\infty} \pi_m(s) e^{-\bar{r}(s,\ t)(s-t)} ds \tag{4-19}$$

其中，$\bar{r}$（s，t）表示的是时间 s 和时间 t 之间的平均利率水平。假设 r 是一个不随时间变化的常数，则上式可以转换为：

$$P_N = V(t) = \frac{1}{2r}\pi_m(t) = \frac{1}{2r}(P_x - \eta)\bar{x} = \frac{1}{2r}(\frac{\eta}{\beta} - \eta)\bar{x} = \frac{1}{2r}(\frac{\alpha\eta}{\beta})\bar{x} \tag{4-20}$$

二、经济均衡分析

由代表性家庭效用最优化条件可以得出消费增长率的一般表达式为：

$$g = \frac{\dot{C}}{C} = \frac{1}{\rho}(r - \theta) \tag{4-21}$$

根据假设条件，劳动力市场是完全竞争的，当经济处于均衡状态时，此时投入到最终消费品生产部门的人力资本的报酬率与投入到创新资本生产部门的人力资本的报酬率应当是相等的，即：

$$W_{H_Y} = W_{H_N}$$

将式（4-5）、式（4-10）、式（4-18）和式（4-20）代入上式并整理得：

$$\alpha A H_Y^{\alpha-1}[N + (1-\phi)N^*]x^{\beta} = \frac{\sigma\alpha}{2r\beta}[N + G(1-\phi)N^*]x$$

$$\Rightarrow \frac{\sigma}{2r}[N + GN^*] = \frac{\eta}{\beta}(N + N^*)H_Y^{-1}$$

$$\Rightarrow H_Y = \frac{2r\eta(N + N^*)}{\sigma\beta(N + GN^*)} \tag{4-22}$$

因为 $N = \phi N^*$，将此式代入式（4-22）并整理得：

$$H_Y = \frac{r\eta(1 + \phi)}{\sigma\beta(\phi + G)} \tag{4-23}$$

然后由式（4-1），稳态经济下的增长率满足：

$$g_Y = g_N = \sigma H_N \left(1+\frac{1-\phi}{\phi}G\right) \tag{4-24}$$

同时，在均衡状态下，产出与消费的增长率相等，结合式（4-20）和式（4-24）得：

$$g = g_C = g_Y = g_N = \sigma H_N \left(1+\frac{1-\phi}{\phi}G\right) = \sigma (H-H_Y) \left(1+\frac{1-\phi}{\phi}G\right) \tag{4-25}$$

从上式我们可以看出，在开放经济条件下，经济均衡增长率 g 与 H_N、G 密切相关，也就是说，投入到创新资本生产部门的人力资本越多，对区域外创新溢出的吸收能力越强，那么均衡经济增长率则越高。然后我们将式（4-21）、式（4-22）代入式（4-25）并整理，得到开放经济条件下的均衡经济增长率，其表达式为：

$$g = g_C = g_Y = g_N = \frac{\sigma H\beta[\phi+(1-\phi)G]-\theta\eta(1+\phi)}{\beta+\rho\eta(1+\phi)} \tag{4-26}$$

第三节　比较静态分析

由上一节的均衡经济增长率的表达式（4-26）我们可以看出，在技术参数 σ、β 和偏好参数 ρ、θ 及创新水平差距参数 μ 给定的情况下，长期经济均衡增长率取决于人力资本存量 H 和创新吸收能力 G（·），创新吸收能力受地理空间距离、区域创新水平差距、贸易开放度等因素的影响。

为了深入分析创新溢出吸收能力各因素及人力资本存量等对稳态经济增长率的影响，我们对式（4-26）求偏导，得到如下结论：

各参数取值对稳态经济增长率的影响与 Romer（1990）等所得到的结论基本一致，即$\frac{\partial g}{\partial \sigma}>0$，$\frac{\partial g}{\partial \beta}>0$，$\frac{\partial g}{\partial \rho}<0$，$\frac{\partial g}{\partial \theta}<0$。例如，σ 变大表示国内创新资本生产部门更高的产出效率，故而能够吸引更多的优质人力资源投入到研发部门，进而能够提高创新增长率和经济增长率；ρ 增大则意味着跨时期替代弹性变小，此时消费者更偏好当前消费。

与 Romer（1990）等的结论不同的是，本章考察的重点是在开放经济条件下，创新溢出及创新吸收能力对区域经济增长的影响。从研发部门生产函数式（4-2）可以看出，当存在区域外创新溢出时，区域内创新资本生产和均衡经济增长率不仅取决于区域内部已有创新资本存量及创新资本生产部门的产出效率，同时还依赖于区域外创新溢出，而后者则与区域创新吸收能力有着密切联系。创新吸收能力受人力资本存量、贸易开放度、创新水平差距、地理空间距离等诸多因素影响，分析表明，除人力资本存量对稳态经济增长率有明显正向促进作用外，贸易开放程度、创新水平差距等因素对稳态经济增长率的作用方向并不确定。

人力资本对稳态经济增长率的影响：$\frac{\partial g}{\partial H}>0$。由稳态经济增长率表达式（4-26）可以看出，人力资本具体从两个方面作用于稳态经济增长率：一方面，人力资本会通过影响创新吸收能力进而影响稳态经济增长率，更高的人力资本水平能够大大提高创新吸收能力，从而提高创新资本的产出效率，进而影响稳态经济增长率；另一方面，人力资本通过直接作用于创新资本生产部门，提高其产出效率来影响均衡经济增长率。对式（4-23）求偏导，$\partial(H_N/H_Y)/\partial H>0$，可以看出，人力资本越丰富的国家（地区），其创新资本生产部门与最终产品生产部门的人力资本的比重也越大，这一结论基本符合各国经济发展现实。

从前面章节相关文献综述可以看出，经济开放度、创新水平差距等因素对稳态经济增长率的作用方向不确定。如贸易开放程度对稳态经济增长率的影响，虽然理论上普遍认为贸易开放度越高越有利于经济增长，但经验检验方面却对这一观点提出了挑战，指出贸易开放程度与经济增长之间的关系是不确定的。因此，这些因素对稳态经济增长率的作用还需进一步的实证分析，这也为本书后面章节在分析中国区域创新资本空间分布的基础上对中国区域创新资本与经济增长关系进行实证分析提供了必要性。

本章小结

随着经济全球化进程的不断深化，创新资本在国家与国家之间和地区与地区之间的流动已经变得相当普遍，因此在开放经济条件下研究一国或地区经济长期增长是如何内生决定的已经成为当前理论界关注的重要问题。本章主要通过构建一个包含最终产品生产部门、中间产品生产部门和研发生产部门三部门的内生增长模型进行分析，并建立在以下假设条件下：经济体由 1 和 2 两个区域构成，生产一种最终消费品；劳动力投入由两部分构成——投入到最终消费品生产部门的普通劳动力和投入到创新资本生产部门的创新人力资本；创新资本生产部门在运用投入该部门的人力资本及本区域已有创新资本存量的基础上并结合从区域外获取的创新溢出进行新创新资本的研究与开发，并将研发出来的成果通过发明和专利等形式获得所有权；中间产品生产商运用购买来的专利进行中间产品的生产，然后将其出售给下游的最终消费品生产商；最终消费品生产商再进一步运用购买到的中间产品和人力资本等进行最终消费品的生产。

均衡分析表明，在开放经济条件下，长期经济均衡增长率与人力资本水平和创新吸收能力等具有密切的关系，投入到研发生产部门的人力资本越多、对创新的吸收能力越强，则均衡增长率越高。但考虑到创新吸收能力受创新初始水平、创新水平差距、地理空间距离、对外开放程度等众多因素的影响，因此这些参数对区域经济增长的作用到底是促进还是阻碍要根据具体情况具体分析，这就使本书后面对中国创新资本空间分布特征及中国区域创新资本与经济增长的关系进行实证分析有了实际的现实意义。

第五章

中国区域创新资本空间分布与特征

第一节 中国区域 R&D 投入空间分布

R&D 投入是反映一国（地区）创新资本产出水平乃至衡量国家（地区）经济综合实力和国际竞争力的重要指标之一。一般地，R&D 投入有助于区域经济发展水平的提升（王维国和谢兰云，2009）。然而，对于 R&D 经费投入的空间配置的问题，理论界却存在着两种不同，即所谓的“集中投入有利说”和“分散投入有利说”。熊彼特学派从创新生产的小规模最低门槛和技术适用性的角度指出，创新生产需要一定要素资源的支撑，产出受投入积累效应的影响，通常与规模呈现出正向相关的关系，因此，这部分学者认为将 R&D 投入到创新资本存量较高且创新生产密度较大的区位才能获得更高的回报（Dosi，1998）。新古典经济学派则从收益递减假设条件的角度指出了加大 R&D 投入“洼地”的投入力度的必要性。持这一观点的学者们认为，“中心空间”的 R&D 投入通常已经处于较高的水平，边际收益递减的假设条件使这部分地区的投入效应逐渐减小，而在 R&D 投入“洼地”由于尚未达到“饱和”状态，R&D 投入仍处于收益曲线的上升阶段。因此，在“洼地”的 R&D 投入一方面可以降低“中心空间”的规模不经济，另一方面也有利于增长“洼地”的创新资本存量，从而带动落后国家（地区）经济发展，最终所有地区经济达到经济趋同。

随着创新经济时代的到来，世界各国普遍加强了对 R&D 的投入力度。按照其构成要素，R&D 投入主要包括两方面的内容：R&D 经费投入和 R&D 人员投入。本节就这两个主要方面对中国 R&D 投入空间分布现状及存在的问题进行分析和比较。

一、中国区域 R&D 经费投入空间分布现状与特征

R&D 经费投入是 R&D 投入的重要组成部分，受当前中国统计数据和统计口径的限制，本章选取中国 R&D 经费内部支出衡量 R&D 经费投入。一方面，就 R&D 经费投入的绝对量来说，除 2008~2009 年受全球金融危机的影响 R&D 经费投入有所下滑外，整体上，近年来中国 R&D 经费投入呈现不断提高的态势，2012 年中国 R&D 经费投入更是超过日本，成为仅次于美国的世界第二大 R&D 经费投入大国；另一方面，从 R&D 经费投入的相对量来看，R&D 经费投入占地区生产总值的比重是目前国际上通用的用于衡量一个国家（地区）创新生产规模和创新生产潜力的重要指标。与发达国家相比，中国这一统计数据仍然较低，当前仅为 1.98%，而同时期美国这一指标为 2.79%，日本为 3.35%，法国为 2.29%，德国为 2.98%，韩国为 4.36%，新加坡为 2.04%（见图 5-1）。不断提高 R&D 经费投入水平，提高其占地区生产总值的比重对未来提高中国区域创新资本水平具有重要意义。

（一）R&D 经费投入规模及投入强度的空间分布

整体来看，随着经济发展水平的不断提高，各地区不论是 R&D 经费投入规模还是投入强度都有了较大的提高，但“东高西低、两极分化”现象明显。

近年来，各地区 R&D 经费投入呈现了普遍增长的态势。然而，受改革开放以来我国长期实行的不均衡发展战略的影响及政策的路径依赖和循环累积效应等影响，东部地区仍然是 R&D 经费投入最主要的区域，占全国 R&D 经费投入总量的 2/3 左右，其余三大板块仅占 1/3 左右，R&D 经

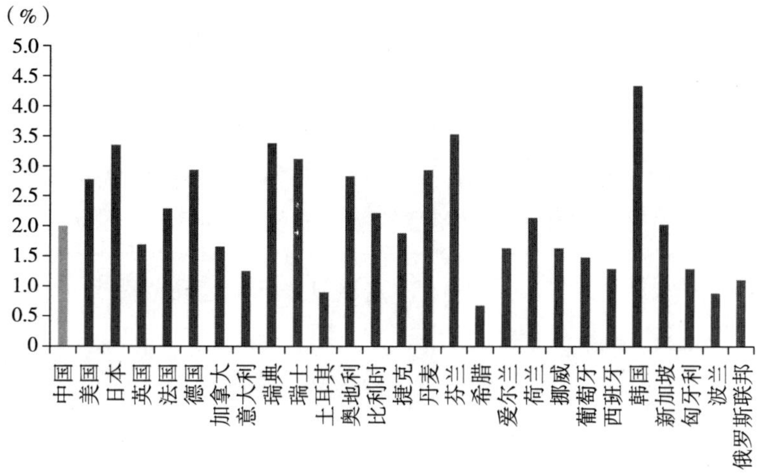

图 5-1　世界主要国家 R&D 投入占国内生产总值的比重

资料来源：《中国科技统计年鉴 2014》。

费投入的区域两极分化现象十分明显。表 5-1 统计显示，中国 R&D 经费投入总量排名在前六位的省份均在东部沿海发达地区，R&D 经费投入集中度均在 58%以上，排名在后六位的省份除海南省外，均在西部地区，R&D 经费投入集中度不超过 2%。

表 5-1　2004~2013 年各省（市、自治区）R&D 经费投入集中度变化情况

单位：%

年份	R&D 经费投入排名前六位	集中度	R&D 经费投入排名后六位	集中度
2004	北京、江苏、广东、上海、山东、浙江	59.57	海南、青海、宁夏、新疆、内蒙古、贵州	1.56
2005	北京、江苏、广东、上海、山东、浙江	59.69	海南、青海、宁夏、新疆、贵州、内蒙古	1.50
2006	北京、江苏、广东、上海、山东、浙江	60.24	海南、青海、宁夏、新疆、贵州、内蒙古	1.66

续表

年份	R&D 经费投入排名前六位	集中度	R&D 经费投入排名后六位	集中度
2007	北京、江苏、广东、山东、上海、浙江	60.41	海南、青海、宁夏、新疆、贵州、广西	1.61
2008	江苏、北京、广东、山东、上海、浙江	59.95	海南、青海、宁夏、新疆、贵州、云南	1.75
2009	江苏、北京、广东、山东、上海、浙江	58.00	海南、青海、宁夏、新疆、贵州、云南	1.88
2010	江苏、北京、广东、山东、浙江、上海	58.57	海南、青海、宁夏、新疆、贵州、甘肃	1.80
2011	江苏、广东、北京、山东、浙江、上海	58.57	海南、青海、宁夏、新疆、贵州、甘肃	1.80
2012	江苏、广东、北京、山东、浙江、上海	58.36	青海、海南、宁夏、新疆、贵州、甘肃	1.82
2013	江苏、广东、北京、山东、浙江、上海	58.12	青海、海南、宁夏、新疆、贵州、甘肃	1.76

资料来源：根据历年《中国科技统计年鉴》整理。

R&D 经费投入占地区生产总值的比重是衡量一个地区创新生产潜力的重要指标。一般地，在经济发展的不同阶段，对创新需求的不同导致 R&D 经费投入占地区生产总值的比重呈现出一定的特点：世界主要经济体的发展实践表明，在一个国家经济发展的初期阶段，R&D 经费投入占国内生产总值的比重一般在 0.5%～0.7%；当经济处于起飞阶段时，这一比重则相应上升至 1.5%左右；当经济进入稳定发展阶段时，这一比重基本维持在 2.0%以上①。这与中国经济发展的事实基本相符，然而与 R&D 经费投入规模相似，中国各省（市、自治区）R&D 经费投入强度也呈现明显的东高西低、两极分化的特点。从表 5-2 可以看出，2013 年，R&D 经费投入

① 仇怡．改革开放以来中国研发投入的现状及国际比较（1978-2003 年）［J］．中国经济史研究，2009（1）：62-70.

强度高于全国平均水平的省（市、自治区）仅有北京、天津、上海、江苏、浙江、山东、广东、陕西，除陕西属西部地区外，其余省份均集中在东部沿海发达地区；R&D 经费投入强度较低的省份，如海南、新疆、贵州、青海、云南、内蒙古、广西等省份，除海南属东部地区外，其余均集中在西部地区。这里需要指出的是，陕西作为我国“三线建设”的重要地区，至今仍是中国国防科技产业的重要区域，近年来更是大力发展高新技术产业、民用航天产业等，因而 R&D 经费投入规模较高；海南省虽处于东部地区，但其发展仍以热带旅游业为主导产业，而这些产业的发展对研发的要求较低，因而海南省 R&D 经费投入规模不大，投入强度相对也较低。

表 5-2　各省（市、自治区）主要年份 R&D 经费投入强度　单位：%

地区＼年份	2003	2005	2007	2009	2011	2013
全国	1.13	1.32	1.40	1.70	1.84	1.88
北京	5.10	5.55	5.13	5.50	5.76	6.07
天津	1.57	1.96	2.18	2.37	2.63	2.98
河北	0.55	0.58	0.66	0.78	0.82	1.00
山西	0.55	0.63	0.82	1.10	1.01	1.23
内蒙古	0.27	0.30	0.38	0.53	0.59	0.70
辽宁	1.38	1.59	1.48	1.53	1.64	1.65
吉林	1.04	1.09	0.96	1.12	0.84	0.92
黑龙江	0.81	0.89	0.93	1.27	1.02	1.15
上海	1.93	2.27	2.46	2.81	3.11	3.60
江苏	1.21	1.47	1.65	2.04	2.17	2.51
浙江	0.78	1.22	1.50	1.73	1.85	2.18
安徽	0.83	0.85	0.98	1.35	1.40	1.85
福建	0.75	0.82	0.89	1.11	1.26	1.44
江西	0.60	0.70	0.84	0.99	0.83	0.95
山东	0.86	1.05	1.21	1.53	1.86	2.15

续表

地区＼年份	2003	2005	2007	2009	2011	2013
河南	0. 50	0. 52	0. 67	0. 90	0. 98	1. 11
湖北	1. 15	1. 15	1. 19	1. 65	1. 65	1. 81
湖南	0. 65	0. 68	0. 78	1. 18	1. 19	1. 33
广东	1. 14	1. 09	1. 27	1. 65	1. 96	2. 32
广西	0. 40	0. 36	0. 38	0. 61	0. 69	0. 75
海南	0. 17	0. 18	0. 21	0. 35	0. 41	0. 47
重庆	0. 77	1. 04	1. 00	1. 22	1. 28	1. 39
四川	1. 49	1. 31	1. 32	1. 52	1. 40	1. 52
贵州	0. 55	0. 56	0. 48	0. 68	0. 64	0. 59
云南	0. 43	0. 61	0. 54	0. 60	0. 63	0. 68
陕西	2. 63	2. 45	2. 11	2. 32	1. 99	2. 14
甘肃	0. 91	1. 01	0. 95	1. 10	0. 97	1. 07
青海	0. 62	0. 54	0. 48	0. 70	0. 75	0. 65
宁夏	0. 54	0. 52	0. 81	0. 77	0. 73	0. 81
新疆	0. 20	0. 25	0. 28	0. 51	0. 50	0. 54

资料来源：根据历年《中国统计年鉴》及《中国科技统计年鉴》整理。

（二）R&D 经费来源结构的空间分布

根据 R&D 活动行为主体的不同，我们将研发活动划分为由政府部门提供的和企业等私人部门提供的两大类。前者主要用于高校和专门的科研院所（机构），后者主要是指企业内部专门设置的从事研发的机构，为该企业进行新产品、新技术的研究与开发。总的来说，中国各省份 R&D 经费来源仍以政府和企业为主。一般地，在经济发展的初期阶段和起飞阶段，政府资金应当是 R&D 经费的主要来源，这是因为在这一阶段，企业实力相对较弱，不愿意或无法投入大量的资金从事 R&D 活动，需要政府的支持，而随着经济的不断发展，企业研发投入将逐渐超过并取代政府投入，成为 R&D 活动的主要经费来源。改革开放以来，随着市场经济的不断发展和完善，中国 R&D 经费结构发生了很大的改变，企业经费支出比重不断上升，并于 1996 年首次超过政府经费投入，近年来，这一比重不断上升，企业研发投入的主体地位不断凸显。以 2013 年 R&D 经费来看，中国 R&D 经费投入总额为 11846. 6 亿元人民币，其中企业资金 8837. 7 亿元，占 R&D 经费投入总额的 74. 6%；政府资金 2500. 6 亿元，占 R&D 经费投入总额的 21. 11%；国外资金和其他资金仅为 508. 4 亿元，占 R&D 经费投入总额的比重不足 5%。中国各省份 R&D 经费来源结构具有以下特征：首先，政府资金占比较高的地区大多是科研院所和高等院校等较为集中的地区，如北京、陕西等，是中国高校密度最高、万人大学生在校数最多的区域；其次，企业资金占比较高的省份大多是二次产业比较发达或自然资源禀赋较高的区域，如河北、江苏、浙江、广东等地，其占本地区 R&D 经费投入总额的比重均在 85%以上；最后，国外资金在 R&D 经费投入中所占比重普遍较低，占比较高的大多集中在东部沿海开放程度较高、经济发展水平高的地区，如北京、天津、上海，比重均在 2%以上（见表 5-3）。

表 5-3　2013 年中国各地区 R&D 经费来源构成　　单位：%

地区	政府资金	企业资金	国外资金	其他资金
全国	21. 11	74. 60	0. 89	3. 40
东部地区	18. 80	76. 96	1. 19	3. 04
中部地区	17. 72	79. 00	0. 21	3. 08
西部地区	34. 37	58. 89	0. 22	6. 52
东北地区	28. 54	68. 88	0. 65	1. 93
北京	57. 34	33. 85	3. 22	5. 59
天津	16. 97	76. 94	2. 35	3. 75
河北	13. 76	84. 18	0. 04	2. 02
山西	16. 01	81. 54	0. 01	2. 45
内蒙古	12. 85	82. 54	0. 01	4. 60

续表

地区	政府资金	企业资金	国外资金	其他资金
辽宁	21.65	76.23	0.64	1.49
吉林	35.65	59.76	0.35	4.24
黑龙江	42.04	55.61	0.89	1.46
上海	31.61	61.94	2.51	3.94
江苏	9.52	86.11	0.57	3.80
浙江	8.09	89.76	0.29	1.85
安徽	23.54	73.26	0.18	3.02
福建	8.25	89.02	0.18	2.55
江西	17.89	76.83	0.21	5.08
山东	8.38	89.80	0.44	1.37
河南	12.19	84.40	0.23	3.18
湖北	20.72	75.94	0.20	3.14
湖南	14.10	83.19	0.31	2.40
广东	8.05	89.42	0.68	1.85
广西	19.51	74.74	0.02	5.73
海南	35.02	63.06	0.05	1.87
重庆	13.66	82.34	0.26	3.74
四川	38.20	50.05	0.31	11.44
贵州	26.18	66.95	0.07	6.80
云南	31.16	63.06	0.50	5.28
西藏	78.27	20.83	0.00	0.89
陕西	56.02	38.77	0.06	5.15
甘肃	35.79	61.29	0.24	2.69
青海	28.42	67.37	0.00	4.21
宁夏	21.12	77.54	0.11	1.23
新疆	26.18	70.42	1.32	2.08

资料来源：根据《中国科技统计年鉴2014》整理。

(三) 研发经费支出结构的地区比较

从支出领域看，R&D 经费投入主要用于三方面，即基础研究、应用研究和试验发展。从表 5-4 可以看出，当前中国 R&D 经费支出用于试验发展的比重最高，达 84.6%；用于应用研究次之，为 10.71%，用于基础研究的最少，仅为 4.68%。试验发展经费投入仍是当前中国各省份 R&D 经费投入的主要内容，除个别省份（吉林、西藏）外，绝大多数地区的试验发展经费投入占 R&D 经费投入的 2/3 以上，很多地区甚至超过 90%，这表明中国当前创新生产仍主要以学习、模仿和再创新为主，原始创新能力不足。

表 5-4　2013 年中国各地区 R&D 经费支出结构　　单位:%

地区	基础研究	应用研究	试验发展
全国	4.68	10.71	84.60
东部地区	4.40	9.49	86.11
中部地区	4.12	10.66	85.22
西部地区	6.33	14.80	78.87
东北地区	5.93	16.13	77.94
北京	11.58	21.77	66.64
天津	4.21	12.50	83.29
河北	2.81	10.96	86.23
山西	3.90	11.79	84.31
内蒙古	3.07	6.65	90.29
辽宁	3.53	12.47	84.00
吉林	9.80	30.48	59.72
黑龙江	9.63	15.62	74.75
上海	7.06	13.22	79.72
江苏	2.94	5.37	91.69
浙江	2.32	4.87	92.81

续表

地区	基础研究	应用研究	试验发展
安徽	6.28	9.51	84.20
福建	2.01	4.69	93.30
江西	2.83	7.67	89.50
山东	2.25	5.84	91.91
河南	2.30	4.67	93.02
湖北	4.91	15.22	79.87
湖南	3.35	12.87	83.78
广东	2.34	7.12	90.54
广西	5.09	11.40	83.51
海南	9.88	8.80	81.32
重庆	3.94	9.08	86.98
四川	6.95	18.70	74.36
贵州	11.42	10.53	78.05
云南	10.29	15.74	73.97
西藏	10.51	24.53	64.95
陕西	4.91	17.10	77.99
甘肃	13.41	14.95	71.64
青海	11.62	21.15	67.23
宁夏	8.54	6.34	85.12
新疆	6.65	18.57	74.78

资料来源：根据《中国科技统计年鉴 2014》整理。

二、中国区域 R&D 人员投入空间分布现状与特征

如果说 R&D 经费投入为创新生产提供了物质基础，那么 R&D 人员投入就是创新生产的主体，其数量的多寡和素质的高低直接决定着一国（地区）创新产出水平。

从性别构成来看，男性是 R&D 人员的主体。2013 年，全国 R&D 人员共 501.82 万人，其中女性 125.03 万人，不到 R&D 人员总量的 1/4。从受教育程度来看，博士、硕士、本科毕业人数分别为 28.75 万人、66.13 万人、138.82 万人，占 R&D 人员总数的比重分别为 5.73%、13.18%、27.66%，高层次人力资本不足（见附录）。

就其空间分布来看，与 R&D 经费投入类似，中国 R&D 人员投入也具有明显的地理集中特征。本节用洛伦兹曲线的数学原理，以 R&D 人员全时当量投入的累计百分比作为纵轴，以省级地区的累计百分比作为横轴，绘制了 2004 年中国省域 R&D 人员全时当量的洛伦兹曲线，从图 5-2 可以看出，洛伦兹曲线明显偏离公平线。计算得到 2004 年中国 R&D 人员全时当量的基尼系数为 0.69；依照同样的方法，计算得到 2013 年中国 R&D 人员全时当量的基尼系数为 0.31。近年来，中国省级层面上的 R&D 人员全时当量空间分布呈现了逐渐缩小的发展态势。尽管如此，中国 R&D 人员空间分布的不均衡特征仍然较明显，东部沿海发达地区因其较高的经济发展水平、完善的基础设施等优势吸引了大批的高素质研究人员，是 R&D 人员分布的集中区域，2013 年，排名前六位（广东、江苏、浙江、山东、北京、上海）的省份 R&D 人员投入占全国总量的比重达 55.65%。

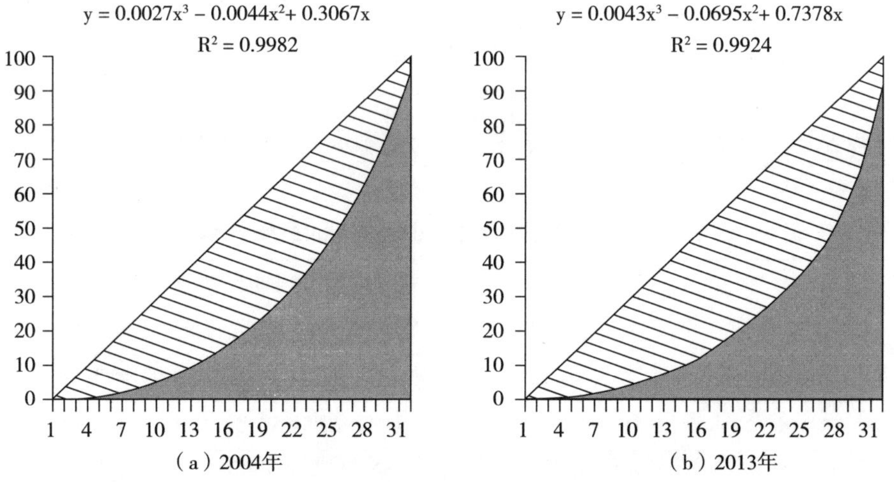

图 5-2　2004 年和 2013 年省域 R&D 人员全时当量的洛伦兹曲线

资料来源：根据《中国科技统计年鉴》（2005，2014）整理计算。

就其 R&D 人员活动类型来看，近年来，R&D 人员全时当量主要从事试验发展领域，并呈现逐渐增长的趋势；应用研究次之，有不断降低的趋势；基础研究最少。同时，各省（市、自治区）R&D 人员也主要以应用研究为主，除西藏外，所占比重均超过了 50%，广东、江苏、浙江、河南甚至超过了 90%；应用研究次之，北京、吉林、云南、广西、甘肃、新疆、青海、西藏在 20% 以上，其他省份大多不足 15%；基础研究比重最小，多数省份比重不足 10%，比重较大的多是中西部地区省份（见图 5-3、表 5-5）。

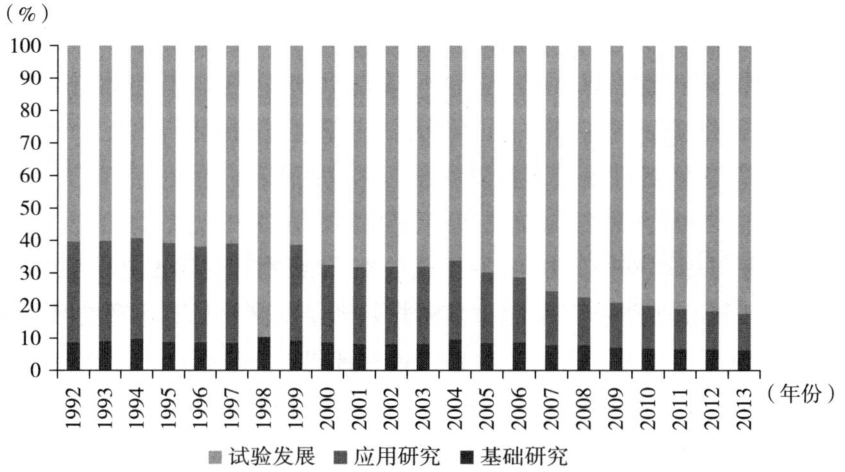

图 5-3　中国 R&D 人员活动类型变化情况

资料来源：根据《中国科技统计年鉴 2014》整理计算。

表 5-5　2013 年分活动类型的 R&D 人员分布情况

	排名前十位的省份
R&D 人员全时当量	广东、江苏、浙江、山东、北京、上海、河南、湖北、福建、安徽
基础研究	北京、上海、广东、山东、江苏、四川、黑龙江、安徽、湖北、辽宁
应用研究	北京、广东、上海、江苏、山东、四川、湖北、山西、辽宁、天津
试验发展	广东、江苏、浙江、山东、北京、河南、上海、福建、湖北、安徽

资料来源：根据《中国科技统计年鉴 2014》整理。

第二节　中国区域外商直接投资的现状分析

外商直接投资是一种资本存量，是创新和技术的综合体，已经成为促进区域经济增长的重要驱动力之一，尤其是对一些发展中国家而言，其影响更为突出（魏后凯，2002）。这是因为发展中国家创新资本存量较少，人力资本素质较低，缺乏具有现代管理理念和经验的企业家才能，而外商直接投资的介入可以为东道国带来先进的技术、管理经验等，有利于改善外资引进国的生产效率；同时，外商直接投资通过前后向产业关联等对促进部门经济发展也有很大的作用。改革开放以来，我国经济增长取得了巨大的成就，经济年均增长速度达到了 9.7%，这其中外商直接投资的作用毋庸置疑。数据统计显示，截至 2013 年底，中国每年新批外商投资项目多达 3.6 万多个，项目总投资达 1657.4 亿美元，中国已经成为吸引外资最多的发展中国家。根据中国经济发展阶段的不同，外商直接投资大致经历了三个发展时期：一是探索发展时期（1978～1991 年），这一阶段大多国外投资者的投资态度还相对比较谨慎，借外债是这一时期最主要的吸引外资方式，因而引进外资规模相对较小；二是加速发展时期（1992～2001 年），这一时期中国吸引外资规模不断扩大主要得益于两方面，一方面得益于 1992 年邓小平南方谈话和国内改革开放步伐的加快及市场经济制度的不断完善，另一方面得益于经济全球化的不断深化，丰富的自然资源优势和廉价的劳动力使中国成为国际资本最佳的投资目的地；三是创新发展时期（2002 年至今），随着我国正式加入 WTO 和党的十八大“创新驱动区域发展”战略的提出，一方面中国政府采取了种种优惠政策和刺激措施创造了良好的投资环境，另一方面国外投资者对中国经济发展前景普遍持乐观态度，加大了这一时期外商直接投资的信心，使外资规模呈迅猛增长的趋势。

一、中国外商直接投资的区域分布状况

政府招商引资政策在外商直接投资决策过程中发挥着重要作用。赖明勇（2002）利用虚拟变量回归的方法实证检验了政府政策变化对外商直接投资效果的影响，结果表明，政府招商引资政策对吸引外资具有重要的作用。受政府招商引资政策及区位优势的影响，中国外商直接投资呈现明显的倾斜性，外商直接投资区域分布失衡现象突出。由表 5-6 可以看出，尽管受近年来政府“区域协调发展”战略的影响，东部地区外商直接投资企业引资份额有下降的趋势，但总体来看，东部地区仍然是外商直接投资的主要地区，引资份额基本保持在 70%以上。2013 年中国外商直接投资企业年底引资额前十位的依次是江苏、广东、上海、浙江、辽宁、北京、山东、福建、天津、四川，除辽宁和四川分别属于东北地区和西部地区外，其余 8 省份均集中在东部地区，其中引资额排名前三位的是江苏、广东和上海，三个省（市）的引资份额甚至高于中部地区、西部地区和东北地区全部省份外商直接投资额的总和。

表 5-6　中国各地区外商直接投资企业年底引资份额比较　　单位:%

地区 \ 年份	2005	2007	2009	2011	2013
东部地区	79.22	77.21	74.88	73.56	73.81
中部地区	7.10	7.20	7.43	8.12	8.19
西部地区	5.61	6.05	7.03	7.48	7.91
东北地区	7.73	7.33	6.76	7.02	6.76
北京	4.14	4.16	4.26	4.49	5.03
天津	3.88	3.93	3.91	3.84	3.62
河北	1.50	1.38	1.48	1.53	1.55
山西	0.53	0.84	0.82	1.07	0.97
内蒙古	0.86	0.81	0.96	0.85	0.65

续表

地区＼年份	2005	2007	2009	2011	2013
辽宁	5. 57	5. 16	5. 27	5. 55	5. 21
吉林	1. 41	1. 49	0. 77	0. 78	0. 90
黑龙江	0. 75	0. 69	0. 72	0. 70	0. 65
上海	13. 71	12. 19	12. 34	12. 61	13. 02
江苏	18. 15	18. 12	17. 78	19. 14	18. 94
浙江	6. 96	6. 91	6. 56	6. 75	6. 83
安徽	1. 06	1. 13	1. 12	1. 10	1. 18
福建	5. 15	4. 87	4. 70	4. 57	4. 45
江西	1. 26	1. 37	1. 48	1. 64	1. 67
山东	5. 37	4. 57	4. 48	4. 79	5. 02
河南	1. 41	1. 22	1. 39	1. 42	1. 36
湖北	1. 76	1. 49	1. 51	1. 73	1. 86
湖南	1. 08	1. 15	1. 12	1. 17	1. 15
广东	19. 74	16. 63	15. 76	15. 12	14. 57
广西	1. 00	1. 04	1. 09	1. 00	0. 91
海南	0. 63	4. 46	3. 61	0. 74	0. 77
重庆	0. 55	0. 94	1. 11	1. 51	1. 67
四川	0. 83	1. 27	1. 84	1. 92	2. 06
贵州	0. 16	0. 13	0. 14	0. 19	0. 34
云南	0. 58	0. 56	0. 64	0. 69	0. 69
陕西	0. 94	0. 78	0. 65	0. 66	1. 04
甘肃	0. 22	0. 15	0. 20	0. 21	0. 19
青海	0. 05	0. 12	0. 11	0. 11	0. 08
宁夏	0. 30	0. 10	0. 10	0. 15	0. 10
新疆	0. 13	0. 15	0. 19	0. 19	0. 18

资料来源：根据国家统计局、商务部相关数据整理。

二、中国外商直接投资的来源分析

根据外商直接投资来源地的不同进行划分，当前中国外商直接投资呈现以下特点：首先，港澳台地区在外商直接投资总额中占据了重要的份额，是中国外商直接投资最主要的来源地。其次，发达经济体对华投资份额显著增加，是中国外商直接投资的重要来源地之一。以 G7 国家为例①，虽然受国际金融危机的影响，近几年 G7 国家在华直接投资份额有所下降，但基本仍保持在 10%以上。最后，新兴经济体对华投资影响不容小觑，如韩国、印度尼西亚、菲律宾等国在全球金融危机的影响下，对华投资也经历了先降后升的变化，可以预见新兴经济体未来也将成为中国外商直接投资的重要来源地（见表 5-7）。

表 5-7 中国主要外商直接投资来源地 单位：亿美元;%

年份 地区	2005	2007	2009	2011	2013
合计	603.25	747.68	900.33	1160.10	1175.86
中国香港	29.75	37.04	51.18	60.77	62.42
新加坡	3.65	4.26	4.00	5.26	6.15
日本	10.82	4.80	4.56	5.46	6.00
维尔京群岛	14.96	22.13	12.55	8.38	5.24
韩国	8.57	4.92	3.00	2.20	2.60
美国	5.07	3.50	2.84	2.04	2.40
中国台湾	3.57	2.37	2.09	1.88	1.78
德国	2.54	0.98	1.35	0.97	1.77
萨摩亚	2.24	2.90	2.24	1.79	1.58
开曼群岛	3.23	3.44	2.87	1.93	1.42

① G7 国家包括美国、加拿大、日本、德国、法国、英国和意大利。

续表

地区＼年份	2005	2007	2009	2011	2013
荷兰	1.73	0.82	0.82	0.66	1.08
毛里求斯	1.50	1.78	1.23	0.98	0.77
法国	1.02	0.61	0.73	0.66	0.64
百慕大	0.35	0.50	0.29	0.64	0.61
加拿大	0.75	0.53	0.96	0.40	0.46
泰国	0.16	0.12	0.05	0.09	0.41
中国澳门	1.00	0.85	0.90	0.59	0.39
卢森堡	0.24	0.11	0.18	0.44	0.37
英国	1.60	1.11	0.75	0.50	0.33
丹麦	0.17	0.17	0.35	0.16	0.31
塞舌尔	0.01	0.02	0.13	0.37	0.30
澳大利亚	0.66	0.47	0.44	0.27	0.28
意大利	0.53	0.47	0.39	0.33	0.27
瑞士	0.34	0.40	0.34	0.48	0.27
西班牙	0.33	0.29	0.34	0.23	0.27
马来西亚	0.60	0.53	0.48	0.31	0.24
瑞典	0.18	0.17	0.36	0.15	0.18
巴巴多斯	0.16	0.95	0.62	0.27	0.14
奥地利	0.13	0.11	0.10	0.09	0.13
文莱	0.27	0.50	0.39	0.22	0.11
印度尼西亚	0.14	0.18	0.12	0.04	0.11

资料来源：根据历年《中国统计年鉴》相关数据整理。

外商直接投资来源国结构在一定程度上对研究外资企业创新溢出效应具有重要的影响。以港澳台地区外商投资为例，已有文献研究指出，港澳台地区外商投资大多是以出口导向型和劳动密集型的中小型投资为主：港澳台地区出口导向的外资企业普遍具有的“两头在外”（资金来自国外、产品销往国外）的特点使这些外资企业难以和当地企业建立良好的产业关联效应，因而通过产业前后向关联对当地企业形成的创新溢出效应非常有限；以劳动密集型为主的外商直接投资虽然能够有效地利用国内丰裕的劳动力资源，但同时也决定了当地企业通过示范效应学习、模仿外资企业的生产技术、管理和营销经验等的空间十分有限。相反，来自发达经济体的外商直接投资则更能通过产业关联效应有效地带动前后向关联产业的技术变革，同时也会带来显著的人员培训效应，对提高当地企业人力资本质量具有重要作用，此外，外商直接投资企业的介入对于打破国内某些垄断行业具有一定的影响和威胁，因而能够有效地提高资源配置效率。

三、中国外商直接投资的产业分布分析

外商直接投资的产业分布结构在一定程度上也能反映东道国吸收国外创新溢出的效果。根据外商直接投资产业分布的不同，当前中国外商直接投资呈现以下特点：

首先，外商投资领域不断扩展，但以制造业为主的第二产业在外商直接投资中所占的份额有所下降，但当前仍是其流向的重要领域。2005 年，以制造业，采矿业，电力、燃气及水的生产和供应业，建筑业为主的第二产业中的外商直接投资占总外商直接投资额的近 3/4，随着中国创新驱动发展战略的实施和国际金融危机的影响，这一份额近年来有所下降，但截至 2013 年底，外商直接投资的第二产业份额仍占四成以上。

其次，以服务业为主的第三产业越来越受到外商企业的青睐。2005 年，第三产业外商直接投资份额仍不足 1/4，但到 2013 年底这一比重已达到了 50%以上。特别地，受近年来我国蓬勃发展的房地产业的影响，房地产业也成为外商直接投资的重要领域，到 2013 年底，这一比重已达到了近 1/4。除此之外，批发和零售业，租赁和商务服务业，交通运输、仓储和邮政业，金融业等领域利用外资状况也取得了较快的进展。然而，也要看到，当前外商直接投资的领域仍主要集中在房地产业和传统商贸服务业，在现代新兴服务业，如信息传输、计算机服务和软件业，水利、环境和公共设施管理业，教育，文化、体育和娱乐业，及居民服务和其他服务业等

领域的投资仍比较少。就其可能的原因，外商投资本质上仍是一种逐利行为，房地产业投资期限短、资金回笼快、投资回报率高的特点使它成为外商投资的重要领域，同时带动了与之相关的租赁商业服务业、批发和零售业等的发展，但考虑到这些行业的科学研发程度低、技术服务力度相对较小，因而对中国获取国外创新溢出的贡献不大（见表5-8）。

表5-8　中国外商直接投资产业结构分布　　单位：万美元；%

产业＼年份	2005	2007	2009	2011	2013
总计	6032469	7476789	9003272	11601100	11758620
农、林、牧、渔业	1.19	1.24	1.59	1.73	1.53
采矿业	0.59	0.65	0.56	0.53	0.31
制造业	70.37	54.66	51.95	44.91	38.74
电力、燃气及水的生产和供应业	2.31	1.43	2.35	1.83	2.07
建筑业	0.81	0.58	0.77	0.79	1.04
交通运输、仓储和邮政业	3.00	2.68	2.81	2.75	3.59
信息传输、计算机服务和软件业	1.68	1.99	2.50	2.33	2.45
批发和零售业	1.72	3.58	5.99	7.26	9.79
住宿和餐饮业	0.93	1.39	0.94	0.73	0.66
金融业	0.36	0.34	0.51	1.65	1.98
房地产业	8.98	22.86	18.66	23.17	24.49
租赁和商务服务业	6.21	5.38	6.75	7.23	8.81
科学研究、技术服务和地质勘查业	0.56	1.23	1.86	2.12	2.34
水利、环境和公共设施管理业	0.23	0.36	0.62	0.74	0.88
居民服务和其他服务业	0.43	0.97	1.76	1.62	0.56
教育	0.03	0.04	0.01	0.00	0.02
卫生、社会保障和社会福利业	0.07	0.02	0.05	0.07	0.05
文化、体育和娱乐业	0.51	0.60	0.35	0.55	0.70

资料来源：根据历年《中国统计年鉴》相关数据整理。

第三节　中国区域对外贸易现状与特征

创新进步已经成为一国（地区）经济增长的重要源泉，开放经济条件下，一国（地区）的创新生产不仅取决于内部研发投入，还依赖于国外研发活动的创新溢出。大量实证研究表明，中国通过进出口贸易获得的国外创新溢出效应显著（李小平和朱钟棣，2006；方希桦、包群和赖明勇，2004）。但受人力资本和 R&D 投入的影响，不同地区从国际贸易中获得的创新溢出存在较大的差异。由于存在人力资本等的“门槛效应”，与落后地区相比，富裕地区更易从与更发达国家和地区的贸易中获益。因此，分析当前中国对外贸易状况对于理解各地区通过国际贸易获取国外研发溢出具有重要意义。

随着改革开放政策的不断深化，中国积极参与了经济全球化，对外贸易取得了飞快的发展，特别是在中国加入 WTO 后，进出口贸易呈现了迅猛发展的态势。经过 30 多年的发展，对外贸易成为中国经济发展中最活跃、增长最快的部分之一，2011 年中国进出口总额达 36421 亿美元，成为世界第二大贸易国。改革开放以来，根据外贸依存度①，中国对外贸易②大致经历了四个阶段：第一阶段，即成长阶段（1978～1994 年）。在这一时期，受改革开放政策的影响，国家对紧缺资源和技术设备的进口给予了大力支持，实施出口创汇奖励政策，但受发展水平的限制，中国产品在国际上仍缺少竞争力，出口增长不如进口增长，但进出口贸易总额大幅度增长，外贸依存度也从改革开放初期的 9.74%上升到了 42.29%。第二阶段，即平稳发展阶段（1995～2000 年）。政府利用价格、汇率、利率、出口信贷、退税等一系列经济手段对外贸发展进行调控，出口增长明显快于进口，进出口贸易总额保持平稳增长的态势，外贸依存度也基本保持在 40%左右。第三阶段，即加速发展阶段（2001～2007 年）。中国加入世界贸易

① 外贸依存度又称对外贸易系数，是指一国的进出口总额占该国国内生产总值的比重。

② 这里的对外贸易主要是指进出口商品贸易。

组织后大幅度降低了进出口关税税率，实施了一系列外贸支持政策，进出口在较大的基础量上继续平稳增长，外贸顺差、外贸依存度达到了历史最高。第四阶段，即回落调整阶段（2008 年以来）。受全球金融危机的影响，进出口增长速度和外贸依存度有所下降（见图 5-4）。

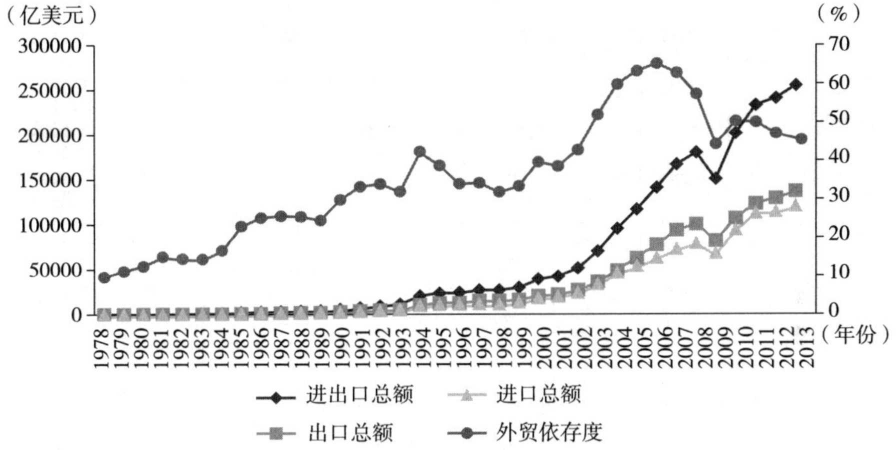

图 5-4　中国改革开放以来对外贸易发展趋势

一、中国对外贸易的区域分析

由于各省份、各地区区位条件、资源禀赋、经济发展水平、发展阶段、政府政策等诸多方面的差异，导致中国进出口贸易存在着巨大的地区差异①。由表 5-9、表 5-10、表 5-11 可以看出，虽然近年来为协调不断扩大的地区发展差距，政府实施了一系列的鼓励和优惠政策，但东部地区对外贸易总额在全国对外贸易总额中的比重也有所下降，但仍占有绝对的优势。2005 年东部地区、中部地区、西部地区和东北地区进出口贸易额占全国进出口贸易总额的比重分别为 88.5%、3.47%、3.46%和 4.56%；2013 年分别为 84.51%、5.11%、6.20%和 4.18%。中西部地区进出口贸易有所增长，东北地区进出口贸易规模增长但所占比重有少许下降，东部地区占

① 这里的对外贸易数据是按照商品进出口目的地划分统计的数据。

全国进出口贸易总额的比重仍保持在80%以上。

表 5-9 中国对外贸易的区域分布状况 单位：亿元;%

年份 地区	2005	2007	2009	2011	2013
全国	116478. 3	165290. 1	150796. 7	235220. 7	257574. 8
北京	3. 76	3. 77	3. 94	3. 55	3. 16
天津	3. 84	3. 48	3. 26	3. 07	3. 24
河北	1. 36	1. 59	1. 82	2. 31	2. 17
山西	0. 64	0. 70	0. 42	0. 45	0. 41
内蒙古	0. 37	0. 42	0. 43	0. 41	0. 35
辽宁	3. 31	3. 00	3. 16	3. 10	2. 92
吉林	0. 52	0. 52	0. 54	0. 63	0. 61
黑龙江	0. 74	0. 85	0. 61	0. 72	0. 66
上海	12. 76	12. 60	12. 38	11. 89	10. 44
江苏	16. 77	17. 12	16. 58	15. 96	14. 27
浙江	8. 71	9. 16	9. 55	9. 65	8. 79
安徽	0. 65	0. 72	0. 71	0. 83	0. 94
福建	3. 99	3. 46	3. 68	3. 70	3. 71
江西	0. 35	0. 47	0. 63	0. 77	0. 81
山东	6. 27	6. 48	7. 41	7. 81	7. 57
河南	0. 64	0. 65	0. 68	0. 98	1. 51
湖北	0. 70	0. 70	0. 80	0. 93	0. 86
湖南	0. 49	0. 47	0. 53	0. 55	0. 58
广东	30. 89	30. 01	28. 63	27. 65	30. 81
广西	0. 41	0. 48	0. 61	0. 89	0. 93
海南	0. 15	0. 33	0. 38	0. 37	0. 35
重庆	0. 30	0. 33	0. 35	0. 67	1. 41
四川	0. 54	0. 63	0. 97	1. 10	1. 32
贵州	0. 14	0. 15	0. 12	0. 14	0. 11

续表

地区＼年份	2005	2007	2009	2011	2013
云南	0. 35	0. 40	0. 34	0. 34	0. 38
西藏	0. 01	0. 01	0. 01	0. 03	0. 05
陕西	0. 43	0. 38	0. 39	0. 39	0. 49
甘肃	0. 21	0. 27	0. 20	0. 21	0. 16
青海	0. 03	0. 03	0. 03	0. 02	0. 02
宁夏	0. 08	0. 09	0. 09	0. 08	0. 06
新疆	0. 58	0. 71	0. 73	0. 82	0. 90

资料来源：历年《中国统计年鉴》。

表 5-10　中国出口贸易的区域分布状况　　单位：亿元;%

地区＼年份	2005	2007	2009	2011	2013
全国	62416. 94	92599. 67	82082. 1	122612. 6	136808
北京	2. 41	2. 48	2. 43	1. 67	1. 50
天津	3. 42	3. 13	2. 53	2. 37	2. 22
河北	1. 58	1. 79	1. 60	1. 89	1. 85
山西	0. 83	0. 79	0. 34	0. 40	0. 44
内蒙古	0. 30	0. 31	0. 32	0. 32	0. 24
辽宁	3. 24	2. 93	2. 72	2. 69	2. 42
吉林	0. 36	0. 33	0. 28	0. 29	0. 26
黑龙江	0. 76	0. 83	0. 53	0. 49	0. 55
上海	11. 36	11. 27	11. 32	10. 46	8. 55
江苏	16. 35	17. 05	17. 26	17. 09	15. 11
浙江	10. 70	11. 25	12. 29	12. 59	11. 88
安徽	0. 67	0. 70	0. 70	0. 83	1. 02
福建	4. 72	4. 04	4. 25	4. 25	4. 27
江西	0. 35	0. 45	0. 63	0. 88	1. 05

续表

年份 地区	2005	2007	2009	2011	2013
山东	6.26	6.42	6.88	7.08	6.41
河南	0.74	0.75	0.73	1.14	1.75
湖北	0.55	0.66	0.79	1.00	0.95
湖南	0.51	0.54	0.52	0.58	0.65
广东	31.63	30.66	30.16	29.67	33.13
广西	0.38	0.40	0.41	0.45	0.43
海南	0.11	0.14	0.15	0.12	0.14
重庆市	0.31	0.35	0.34	0.79	1.73
四川	0.54	0.60	0.96	1.14	1.48
贵州	0.15	0.17	0.13	0.14	0.15
云南	0.31	0.35	0.31	0.33	0.40
西藏	0.01	0.02	0.02	0.05	0.09
陕西	0.50	0.44	0.34	0.36	0.46
甘肃	0.15	0.14	0.07	0.08	0.06
青海	0.04	0.02	0.02	0.02	0.02
宁夏	0.11	0.11	0.08	0.11	0.08
新疆	0.66	0.88	0.91	0.73	0.72

资料来源：历年《中国统计年鉴》。

表 5-11　中国进口贸易的区域分布状况　　单位：亿元;%

年份 地区	2005	2007	2009	2011	2013
全国	54061.35	72690.46	68714.61	112608.1	120766.7
北京	5.32	5.42	5.76	5.60	5.04
天津	4.33	3.91	4.14	3.82	4.39
河北	1.11	1.32	2.10	2.77	2.53
山西	0.42	0.59	0.52	0.49	0.38

续表

地区＼年份	2005	2007	2009	2011	2013
内蒙古	0. 46	0. 55	0. 56	0. 50	0. 47
辽宁	3. 39	3. 09	3. 69	3. 55	3. 48
吉林	0. 70	0. 76	0. 85	1. 01	1. 00
黑龙江	0. 71	0. 88	0. 70	0. 97	0. 78
上海	14. 38	14. 29	13. 65	13. 46	12. 59
江苏	17. 26	17. 22	15. 76	14. 73	13. 31
浙江	6. 40	6. 51	6. 27	6. 45	5. 29
安徽	0. 63	0. 76	0. 72	0. 84	0. 84
福建	3. 16	2. 73	3. 00	3. 09	3. 09
江西	0. 35	0. 51	0. 62	0. 65	0. 53
山东	6. 27	6. 55	8. 04	8. 61	8. 89
河南	0. 52	0. 53	0. 63	0. 80	1. 24
湖北	0. 88	0. 76	0. 82	0. 84	0. 75
湖南	0. 47	0. 38	0. 53	0. 52	0. 51
广东	30. 03	29. 19	26. 80	25. 44	28. 18
广西	0. 44	0. 58	0. 85	1. 36	1. 50
海南	0. 19	0. 57	0. 67	0. 64	0. 59
重庆	0. 28	0. 31	0. 36	0. 55	1. 06
四川	0. 54	0. 66	0. 99	1. 06	1. 15
贵州	0. 14	0. 12	0. 12	0. 13	0. 08
云南	0. 40	0. 47	0. 38	0. 35	0. 36
西藏	0. 00	0. 00	0. 00	0. 01	0. 00
陕西	0. 35	0. 30	0. 46	0. 42	0. 51
甘肃	0. 28	0. 44	0. 36	0. 36	0. 28
青海	0. 03	0. 04	0. 05	0. 02	0. 03
宁夏	0. 06	0. 06	0. 10	0. 05	0. 04
新疆	0. 50	0. 49	0. 52	0. 92	1. 11

资料来源：历年《中国统计年鉴》。

二、中国进出口贸易商品结构分析

进出口贸易商品结构是指一国（地区）进出口贸易中各类商品的比例关系，包括进口贸易商品结构和出口贸易商品结构。出口贸易商品结构不仅是反映一国（地区）经济发展水平和国际竞争力的重要指标，也是衡量一国创新水平的重要指标之一；进口贸易是一国（地区）模仿和学习国际先进创新的重要对象，为一国（地区）获取国外创新溢出提供了可能，进口贸易商品结构则是反映商品承载国外创新多寡的重要指标，为一国（地区）获取国外先进创新提供了强大的“创新库”。本章选取国际贸易标准分类（Standard International Trade Classification，SITC）对中国进出口贸易商品结构进行了统计和分析。

（1）出口贸易商品结构方面。改革开放以来，我国出口贸易商品结构大体呈现以下特征：宏观上看，初级产品出口贸易额比重不断下降，工业制成品出口贸易额比重呈上升趋势；微观上看，主要经历了两个阶段的转变——资源密集型产品为主向劳动密集型产品为主转变的阶段和劳动密集型产品为主向资本技术相对密集型产品为主转变的阶段。表 5-12 详细列出了 2004~2014 年中国初级产品及工业制成品的出口状况。从表中显示的数据可以看出，近年来，中国初级产品出口比重不断下降，工业制成品出口贸易额比重不断上升，2004 年中国初级产品出口贸易额和工业制成品出口贸易额比重分别为 6.83%和 93.17%，到 2014 年初级产品出口贸易额比重下降至 4.81%，工业制成品出口贸易额比重则上升至 95.19%。由此可以看出，初级产品出口贸易比重较低，工业仍是当前中国的支柱产业。

（2）进口贸易商品结构方面。与出口贸易商品结构变化特征不同的是，近年来，除 2008 年受国际金融危机的波及，我国进口贸易额所有下降外，基本呈增长趋势。但进口贸易商品结构方面，初级产品进口贸易额大体呈现上升的趋势，而工业制成品进口贸易额则呈下降的趋势（见表 5-13）。

表 5-12　2004~2014 年中国出口货物结构

单位：亿美元；%

出口货物名称＼年份	2004	2005	2006	2007	2008	2009	2010	2011	2012	2013	2014
出口货物总额	5933. 26	7619. 53	9689. 36	12177. 76	14306. 93	12015. 95	15777. 55	18983. 81	20487. 14	22090. 04	23422. 93
初级产品	6. 83	6. 44	5. 46	5. 05	5. 45	5. 25	5. 18	5. 30	4. 91	4. 86	4. 81
食品及主要供食用的活动物	3. 18	2. 95	2. 65	2. 52	2. 29	2. 72	2. 61	2. 66	2. 54	2. 52	2. 52
饮料及烟类	0. 20	0. 16	0. 12	0. 11	0. 11	0. 14	0. 12	0. 12	0. 13	0. 12	0. 12
非食用原料	0. 98	0. 98	0. 81	0. 75	0. 79	0. 68	0. 74	0. 79	0. 70	0. 66	0. 68
矿物燃料、润滑油及有关原料	2. 44	2. 31	1. 83	1. 64	2. 22	1. 70	1. 69	1. 70	1. 51	1. 53	1. 47
动、植物油脂及蜡	0. 02	0. 04	0. 04	0. 02	0. 04	0. 03	0. 02	0. 03	0. 03	0. 03	0. 03
工业制成品	93. 17	93. 56	94. 54	94. 95	94. 55	94. 75	94. 82	94. 70	95. 09	95. 14	95. 19
化学品及有关产品	4. 44	4. 69	4. 60	4. 95	5. 55	5. 16	5. 55	6. 05	5. 54	5. 42	5. 74
轻纺产品、橡胶制品、矿冶产品及其制品	16. 96	16. 95	18. 04	18. 06	18. 34	15. 38	15. 79	16. 83	16. 26	16. 32	17. 09
机械及运输设备	45. 21	46. 23	47. 10	47. 39	47. 06	49. 12	49. 45	47. 50	47. 07	47. 01	45. 70
杂项制品	26. 36	25. 48	24. 56	24. 38	23. 48	24. 95	23. 94	24. 20	26. 15	26. 31	26. 56
未分类的其他商品	0. 19	0. 21	0. 24	0. 18	0. 12	0. 14	0. 09	0. 12	0. 07	0. 08	0. 10

资料来源：根据历年《中国统计年鉴》整理。

表 5-13　2004~2014 年中国进口货物结构

单位：亿美元;%

进口货物名称 \ 年份	2004	2005	2006	2007	2008	2009	2010	2011	2012	2013	2014
进口货物总额	5612	6600	7915	9560	11326	10059	13962	17435	18184	19500	19592
初级产品	20.89	22.38	23.64	25.43	32.00	28.81	31.07	34.66	34.92	33.75	33.02
食品及主要供食用的活动物	1.63	1.42	1.26	1.20	1.24	1.47	1.54	1.65	1.94	2.14	2.39
饮料及烟类	0.10	0.12	0.13	0.15	0.17	0.19	0.17	0.21	0.24	0.23	0.27
非食用原料	9.86	10.64	10.51	12.33	14.72	14.05	15.19	16.34	14.83	14.69	13.76
矿物燃料、润滑油及有关原料	8.55	9.69	11.25	10.98	14.94	12.33	13.54	15.82	17.22	16.16	16.17
动、植物油脂及蜡	0.75	0.51	0.50	0.77	0.93	0.76	0.63	0.64	0.69	0.53	0.43
工业制成品	79.11	77.62	76.36	74.57	68.00	71.19	68.93	65.34	65.08	66.25	66.98
化学品及有关产品	11.67	11.78	11.00	11.25	10.52	11.14	10.72	10.39	9.86	9.76	9.86
轻纺产品、橡胶制品矿冶产品及其制品	13.18	12.30	10.98	10.76	9.46	10.71	9.40	8.62	8.03	7.58	8.80
机械及运输设备	45.05	44.01	45.11	43.15	39.01	40.54	39.35	36.17	35.91	36.42	36.96
杂项制品	8.93	9.22	9.01	9.15	8.62	8.47	8.13	7.33	7.51	7.12	7.13
未分类的其他商品	0.27	0.30	0.26	0.26	0.39	0.33	1.32	2.84	3.78	5.37	4.22

资料来源：根据历年《中国统计年鉴》整理。

三、中国进出口贸易方式分析

不同的贸易方式对国外创新溢出的作用机制并不相同。改革开放初期，一般贸易在我国对外贸易中占据绝对优势地位，一般贸易额占对外贸易额的比重达93.50%，但这一时期我国对外贸易额基数小，且以初级农产品加工为主，对国外创新溢出的吸收并不显著；随着对外开放程度的不断加深及我国丰富的自然资源和廉价的劳动力优势，加工贸易得到了迅速的发展，并逐渐成为我国对外贸易的主要方式，如1998年加工贸易额占对外贸易额的比重达到了53.42%，占据了我国对外贸易的“半壁江山”。但当前我国加工贸易仍处于初级阶段，“原料一流、加工二流、包装三流、价格四流”形象地形容了当前我国加工贸易的特征，因而对创新溢出及生产率的影响并不理想，有研究指出，当前我国进料加工贸易的价值增值率仅有20%左右，远远低于一般贸易的价值增值率①。而近年来，随着我国刘易斯拐点的出现，“民工荒”的出现表明我国廉价劳动力优势已经逐渐削弱，持续了三十多年的人口红利逐渐告一段落，加工贸易在对外贸易中的比重也呈现了下降的趋势（见图5-5）。

四、中国对外贸易地理分布

对外贸易目标国创新水平对一国的创新溢出有着重要的影响。与创新水平较高的国家进行贸易往来为一国获取先进创新提供了可能性。当前，亚洲、欧洲和北美仍然是我国进出口商品贸易的集中地区。欧盟②、美国、东盟③、俄罗斯、日本、韩国、中国台湾、澳大利亚、中国香港等国家和

---

① 何莉. 中国地区经济增长差距中的对外贸易因素研究［M］. 北京：经济科学出版社，2011：84.

② 欧盟28国（截至2014年底）为奥地利、比利时、保加利亚、塞浦路斯、克罗地亚、捷克、丹麦、爱沙尼亚、芬兰、法国、德国、希腊、匈牙利、爱尔兰、意大利、拉脱维亚、立陶宛、卢森堡、马耳他、荷兰、波兰、葡萄牙、罗马尼亚、斯洛伐克、斯洛文尼亚、西班牙、瑞典、英国。

③ 东盟10国——马来西亚、印度尼西亚、泰国、菲律宾、新加坡、文莱、越南、老挝、缅甸、柬埔寨。

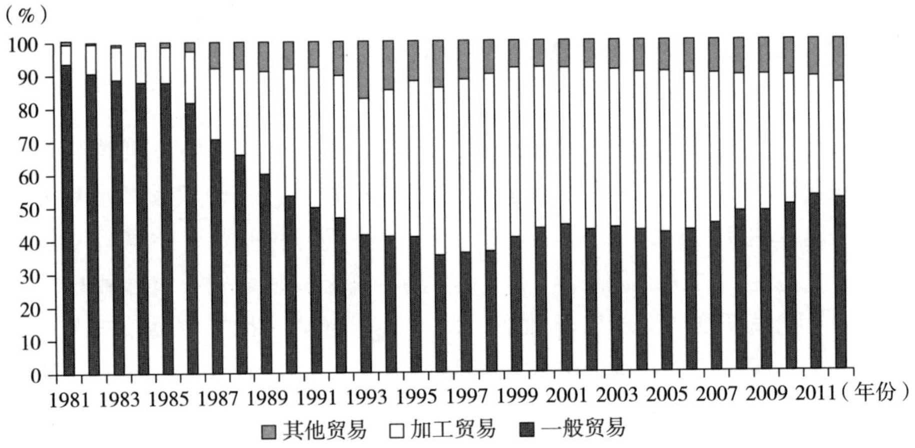

图 5-5 中国对外贸易方式变化（1981~2012 年）

地区依然是我国对外贸易中的传统主要市场。2013 年，出口额排在前三位的国家和地区为中国香港、美国和日本，出口贸易额达 115071647 万美元，占出口贸易总额的比重为 52.10%；进口额排在前三位的国家和地区为韩国、日本和中国台湾，进口总额达 50172307 万美元，占进口贸易总额的 25.73%。可以看出，中国对外贸易呈现出明显的地理集中（见图 5-6）。

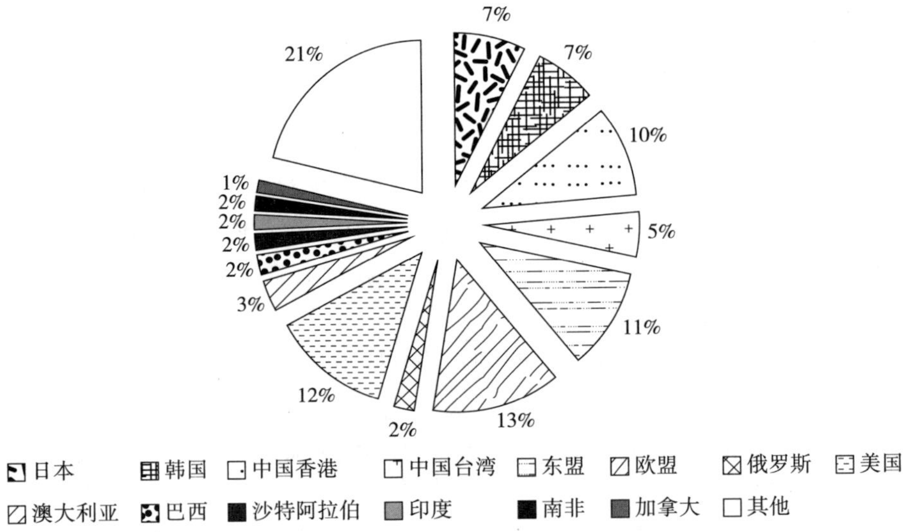

图 5-6 中国主要贸易合作伙伴（2013 年）

对外贸易的地理集中在一定程度上加深了东道国的市场风险，从而有可能不利于东道国经济长期稳定增长。首先，当前中国出口贸易商品结构中仍以技术含量较低的劳动密集型产品为主，在出口贸易地理分布过于集中的情况下，只能通过降低出口产品价格来换取出口规模的扩大，这在一定程度上将导致贸易条件恶化；其次，出口贸易地理分布集中度较高，出口集中在少数国家和地区，这可能会出现贸易出口目标国为了保护国内市场和就业而采取一定程度上的贸易保护政策，或对我国出口商品提起反倾销诉讼等，从而引发贸易摩擦；最后，进口贸易方面，地理分布过于集中会削弱我国在国际市场上讨价还价的“话语权”，为我国外贸发展带来负面影响，进而不利于经济的长期稳定发展。

本章小结

本章主要对当前我国创新资本各组成要素的发展状况、分布状况、结构特征等方面进行了分析。

R&D 投入方面，其主要包括 R&D 经费投入和 R&D 人员投入，是衡量一国（地区）创新生产潜力的重要指标之一。从总量上看，随着对创新生产和创新重视的不断加深，R&D 投入总量不断增加，但与西方发达国家相比，R&D 投入在国内生产总值中的比重仍然不足，R&D 人员整体素质相对依然较低。从空间分布上看，受改革开放以来国家不均衡发展战略的影响，近年来中国 R&D 投入的空间分布不均衡现象虽有缓和，但依然较突出，地理集中现象明显，东部沿海发达地区仍是 R&D 投入的集中分布区，且 R&D 投入中较高的比重集中在了试验发展上，应用研究次之，基础研究最少，这也从一定程度上反映了当前中国创新生产仍然停留在引进、模仿和消化学习上，原始创新能力不足。

外商直接投资方面，其作为创新和技术的综合体，已经成为促进区域经济增长的重要驱动力量之一，尤其是对发展中国家而言，这是因为外商直接投资的介入可以为东道国带来先进的技术、管理经验等，从而有利于改善国内生产效率，促进经济长期增长。改革开放以来，中国外商直接投资也经历了探索发展、加速发展和创新发展三个阶段，取得了丰富的成绩，为中国经济增长做出了重要贡献。外商直接投资的空间分布、来源结构、产业分布等对创新溢出效应有着重要的影响。空间分布层面，中国外商直接投资中政府扮演着重要角色，当前中国外商直接投资区域分布不均衡现象突出，东部地区仍然是外商直接投资的重要区域；来源结构层面，港澳台地区是中国外商直接投资的主要来源地，发达经济体对外投资份额显著增加，近年来自新兴经济体的投资也对中国产生了重要影响；产业分布层面，以制造业为主的第二产业是外商直接投资流向的重要领域，以服务业为主的第三产业正逐渐受到外商企业的青睐。

对外贸易方面，改革开放以来，对外贸易日益成为中国经济发展中最活跃、增长最快的部分之一，在经历了成长发展、平稳发展、加速发展和回落调整四个阶段后，当期中国已经成为世界第二大贸易国，通过进出口贸易获取的国外创新溢出对中国创新生产的影响不容忽视。由于区位条件、资源禀赋、经济发展水平、发展阶段、政府政策等诸多因素的影响，各地区对外贸易存在很大差异，对外贸易的空间分布、商品结构、贸易方式、贸易往来国地理分布对创新溢出的效应也有着重要影响。东部地区是对外贸易的主要地区；初级产品出口贸易额比重不断下降，工业制成品出口贸易额比重呈上升趋势，且经历了资本密集型→劳动密集型→技术相对密集型的转变，进口贸易商品结构则与之相反，初级产品进口额大体呈现上升的趋势，而工业制成品进口贸易额则呈下降的趋势。贸易方式层面，当前加工贸易仍是我国对外贸易的主要方式，但仍处于初级阶段，随着刘易斯拐点的到来及劳动力优势的削弱，加工贸易在对外贸易中的比重呈现了下降的趋势；贸易往来国地理分布层面，亚洲、欧洲和北美仍是我国进出口贸易的集中地区。

第六章

中国区域创新资本与经济增长的实证研究

经济增长核算研究既是对已有增长理论进行实证研究验证其合理性的过程，也是通过实证检验发现理论不足与缺陷进一步完善的过程，从这一角度来看，内生经济增长理论的发展与完善在一定程度上也是由实证研究推动的。内生经济增长的理论研究与实证研究之间存在着紧密的关系，两者共同构成了内生经济增长研究的两个重要的研究领域。对生产率及生产率增长的核算是经济增长核算的最重要的任务。生产率是指每一单位生产要素投入所带来的产出数量，生产率增长则是指单位生产要素投入的增加所带来的产出数量的增长。生产率反映一国（地区）积累财富的能力，生产率增长则是提高一国（地区）人民生活水平和福利水平的重要手段。人类社会发展至今，通过改进生产要素投入的有效性而非生产要素投入的简单增加来提高生产率水平已经成为当前一国（地区）国民财富增长的重要手段。实践表明，生产率的增长与经济增长方式转变有着紧密的联系。事实上，全要素生产率已经成为衡量一国（地区）竞争力的核心指标，一国（地区）竞争力的差异主要表现在其区域内各行业、企业甚至产品生产率增长的差距。在生产率增长率日益受到关注的今天，对生产率增长的测算越来越成为各国（地区）经济发展关注的热点内容。

“十三五”时期是中国全面建成小康社会的决胜时期，加强生态建设与环境保护、提高资源利用效率、促进区域实现协调可持续发展是当前摆在中国各级政府面前的重要任务，提高区域协调可持续发展能力就必须转变传统经济增长方式，由以往依靠要素投入转向创新驱动的增长方式，即从外延扩张式增长方式转向内涵提高型增长方式，也就是说，以创新资本为重要驱动力、以提高生产率增长为重要目标的内涵型经济增长模式将是未来较长一段时期内中国政府追求的重要目标之一。因此，对中国区域生产率增长的核算有利于探析中国区域经济增长方式转变的深层次原因，进而提出有针对性的建议与措施，对解决当前中国区域生产率水平较低、生产率增长较慢及经济增长质量不高的问题具有十分重要的实践意义。本章旨在利用中国省际2004~2013年面板数据运用生产函数法的全要素生产率核算方法计算各要素在经济增长中的贡献度。

第一节　研究方法介绍

一、基于生产函数法的全要素生产率核算方法

根据核算要素数量的不同，生产率核算主要包括单要素生产率（Single Factor Productivity，SFP）和全要素生产率（Total Factor Productivity，TFP）。单要素生产率是反映单一生产要素投入（如原材料、劳动力等）增加与产出增加之间的关系；全要素生产率则是指与生产有关的要素投入的生产率，是一个较为理想化的指标（这是因为在当前创新水平和现实经济中，很难将与产出增加有关的所有要素全部纳入经济增长核算中），这里所谓的“全”是指除物质资本投入和劳动力以外的所有要素投入的总和，主要包括规模经济、技术进步、生产创新等。与单要素生产率相比，全要素生产率更能较全面、客观、真实地衡量经济增长，因此成为当前经济增长核算最重要的工具之一。

目前比较流行的研究方法主要有生产函数法（即索洛余值法）和代数指数法两种。前者以生产函数为基础，将产出增长中不能被要素投入增长解释的部分归入到“增长余值”中，索洛认为这部分增长主要来源于技术进步、要素效率提高、组织创新和管理创新等；后者是以产出总量指数与

全部投入要素加权指数之比衡量全要素生产率，用要素收益占总产值的比重或贡献度确定系数项，其隐含着要素边际产出等于要素报酬率的假设前提，即边际生产率不变且劳动、资本完全可替代。由于代数指数法建立在严格的理论假设上，因而该方法在一定程度上仍然还是一种概念化的方法，在实证检验中应用得较少。因此，本章秉承传统的“索洛余值”思想，用生产函数法测算全要素生产率对经济增长的作用。

（一）生产函数的含义与表达形式

1. 生产函数的含义

生产函数是用来表示生产过程中要素投入与产出之间关系的函数表达式，其一般形式为：

$$Y=f(TFP, K, L, \cdots)$$

其中，Y、TFP、K、L 分别表示产出、全要素生产率、资本、劳动力，f（·）表示产出 Y 与各要素投入之间的函数关系。

理论上，生产函数表述的是要素投入与其最大产出之间的关系，但考虑到在现实生活中人们很难得到最大产出的观测值，因此通常用实际产出量作为样本观测值估计生产函数模型，这样我们得到的生产函数就是要素投入与平均产出量之间的关系，而非要素投入与最大产出量之间的关系。为了区别两者，通常我们将前者称为平均生产函数，而将理论上的生产函数称为前沿生产函数。在许多情况下，如果没有特别指出，我们通常所说的生产函数指的就是平均生产函数，在本书中我们遵循这一惯例。

2. 常见的几种生产函数表达形式

生产函数的表达形式多种多样，其中最常见且应用最广泛的生产函数主要有以下几种：

（1）柯布—道格拉斯生产函数（Cobb-Douglas 生产函数，简记为 C-D 生产函数），其基本表达式为：

$$Y=TFP\times K^{\alpha}L^{\beta}$$

其中，Y、TFP、K、L 的含义与前面一样，α 和 β 分别表示物质资本和劳动力的产出弹性，且 $\alpha>0$，$\beta>0$，$\alpha+\beta=1$。

（2）固定替代弹性生产函数（Constant Elasticity Substitution Production

Function，简记为 CES 生产函数），其基本表达式为：

$$Y=TFP\times[\delta K^{-\rho}+(1-\delta)L^{-\rho}]^{-\frac{\nu}{\rho}}$$

这里，Y、TFP、K、L 的含义与前面一样，δ（0<δ<1）表示分布参数，反映了资本密集程度；ρ（ρ≥1）为替代参数；ν 表示规模报酬参数（ν=1 表示规模报酬不变；ν>1 表示规模报酬递增；ν<1 表示规模报酬递减）。

（3）超越对数生产函数（Transcendental Logarithmic Production Function）是一种比较复杂的生产函数，其一般表达式为：

$$\ln Y=\alpha_0+\sum_{i=1}^{n}\alpha_i\ln X_i+\frac{1}{2}\sum_{i=1}^{n}\sum_{j=1}^{n}\beta_{ij}\ln X_i\ln X_j$$

其中，X_i、X_j 分别表示第 i、第 j 种生产要素，i，j=1，2，…，n。

（二）基于生产函数法的全要素生产率计算方法

1. 一般生产函数的全要素生产率的计算方法

计算方法主要包括三个步骤：

第一步，构造生产函数。一般生产函数表达式如下：

$$Y=f(TFP, K, L, \cdots)$$

第二步，分析各要素投入对经济增长的影响。首先对生产函数求全微分得：

$$dY=\frac{\partial Y}{\partial TFP}dTFP+\frac{\partial Y}{\partial K}dK+\frac{\partial Y}{\partial L}dL+\cdots$$

两边同时除以 Y，整理得：

$$\frac{dY}{Y}=\left(\frac{\partial Y}{\partial TFP}\frac{TFP}{Y}\right)\frac{dTFP}{TFP}+\left(\frac{\partial Y}{\partial K}\frac{K}{Y}\right)\frac{dK}{K}+\left(\frac{\partial Y}{\partial L}\frac{L}{Y}\right)\frac{dL}{L}+\cdots$$

这里我们假设 $\alpha=\frac{\partial Y}{\partial K}\frac{K}{Y}$，$\beta=\frac{\partial Y}{\partial L}\frac{L}{Y}$，$\gamma=\frac{\partial Y}{\partial TFP}\frac{TFP}{Y}$，则上式可整理为：

$$\frac{dY}{Y}=\gamma\frac{dTFP}{TFP}+\alpha\frac{dK}{K}+\beta\frac{dL}{L}+\cdots$$

在实际应用过程中，我们通常用差分方程进行近似替代，即：

$$\frac{\Delta Y}{Y}=\gamma\frac{\Delta TFP}{TFP}+\alpha\frac{\Delta K}{K}+\beta\frac{\Delta L}{L}+\cdots$$

亦即：

$$y=\gamma tfp+\alpha k+\beta l$$

等式左端表示产出增长率，右端各项依次代表全要素生产率、资本增长率和劳动力增长率。

第三步，我们可以得到资本投入、劳动投入和全要素生产率产出增长的贡献并进一步得到它们各自对产出增长率的贡献率：

$$G_K=\alpha k，F_K=\frac{\alpha k}{y}\times 100\%$$

$$G_L=\beta l，F_L=\frac{\beta l}{y}\times 100\%$$

$$G_{TFP}=\gamma tfp，F_{TFP}=\frac{\gamma tfp}{y}\times 100\%$$

其中，G_K、G_L 和 G_{TFP} 分别表示资本投入、劳动投入和全要素生产率对产出增长的贡献；F_K、F_L 和 F_{TFP} 分别表示资本投入、劳动投入和全要素生产率对产出增长率的贡献率。

2. 几种常见的生产函数的生产率增长计算

大多数具体的生产函数建立在一定的假设条件上，这些假设条件的不同使在测算生产率增长时呈现出不同的特征。下面我们就前面几种常见的生产函数的生产率增长测算进行简单介绍：

（1）C-D 生产函数。C-D 生产函数生产率增长的计算公式如下：

$$\frac{\Delta TFP}{TFP}=\frac{\Delta Y}{Y}-\alpha\frac{\Delta K}{K}-\beta\frac{\Delta L}{L}$$

该生产函数具有以下几个显著特征：首先，C-D 生产函数设定技术进步是符合希克斯中性的。其次，不变弹性，即要素产出弹性 α、β 等一经确定，在生产率增长的测算过程中便是固定不变的。再次，规模报酬由 $\alpha+\beta$ 决定：当 $\alpha+\beta<1$ 时，规模报酬递减；当 $\alpha+\beta=1$ 时，规模报酬不变；当 $\alpha+\beta>1$ 时，规模报酬递增。而在实际测算中，我们通常假定规模报酬不变，即 $\alpha+\beta=1$。最后，替代弹性为 1，即要素之间可以相互完全替代。由于 C-D 生产函数形式比较简单，更易于估计，因而也是在实践中应用最为广泛的方法。

（2）CES 生产函数。CES 生产函数生产率增长计算如下：

首先对函数两边取自然对数，然后在 $\rho=0$ 处作泰勒级数展开，并省略高阶项，得：

$$\ln Y \approx \ln TFP+\nu\delta\ln K+\nu(1-\delta)\ln L-\frac{1}{2}\nu\rho\delta(1-\delta)(\ln K-\ln L)^2$$

两边求导后，整理得：

$$\frac{\Delta TFP}{TFP}=\frac{\Delta Y}{Y}-\nu\delta\frac{\Delta K}{K}-\nu(1-\delta)\frac{\Delta L}{L}+\frac{1}{2}\nu\rho\delta(1-\delta)\ln\frac{K}{L}\left(\frac{\Delta K}{K}-\frac{\Delta L}{L}\right)$$

固定弹性生产函数测算生产率增长有如下特点：首先，σ 为固定常数，事实上这也是 CES 生产函数提出的根据。其次，固定弹性生产函数是 ν 阶齐次函数，代表规模报酬：当 $\nu<1$ 时，规模报酬递减；当 $\nu=1$ 时，规模报酬不变；当 $\nu>1$ 时，规模报酬递增。最后，替代参数 ρ 可取不小于 -1 的任意值，使该函数具有很强的适应性，如在规模报酬不变的假设前提下：当 $\rho=-1$ 时，固定弹性生产函数即转化为普遍线性生产函数，此时替代弹性趋向无穷大；当 $\rho\to 0$ 时，函数即可转化为 C-D 生产函数；当 $\rho\to\infty$ 时，即转化为替代弹性为 0 的生产函数。由此可见，C-D 生产函数是 CES 生产函数的特殊形式，但 CES 生产函数的经济含义更为丰富，不仅可以表示单个要素的产出弹性和规模报酬参数，还可以表示独立的替代弹性和分配参数。需要说明的是，在实际应用中为了便于进行参数估计和分析，通常假设技术进步符合希克斯中性、完全市场竞争和市场出清。

（3）超越对数生产函数。如前所述超越对数生产函数的一般表达式，当只有劳动力和物质资本投入时，其简化为：

$$\ln Y=\alpha_0+\alpha_K\ln K+\alpha_L\ln L+\frac{1}{2}[\beta_{KK}(\ln K)^2+\beta_{LL}(\ln L)^2]+\beta_{KL}\ln K\ln L$$

引入反映全要素生产率水平的时间因素 t，可得超越对数生产函数表达式：

$$\ln Y=\alpha_0+\alpha_K\ln K+\alpha_L\ln L+\alpha_t t+\frac{1}{2}[\beta_{KK}(\ln K)^2+\beta_{LL}(\ln L)^2]+$$

$$\beta_{KL}\ln K\ln L+\frac{1}{2}\beta_{LL}(\ln L)\ 2+\beta_{Kt}(\ln K)\ t+\beta_{Lt}\ln L+\frac{1}{2}\beta_{tt}t$$

对时间求导，得：

$$\frac{\Delta TFP}{TFP}=\frac{\partial \ln Y}{\partial t}=\alpha_t+\beta_{Kt}\ln K+\beta_{Lt}\ln L+\beta_{tt}t$$

超越对数生产函数测算生产率增长的特征如下：首先，与 C-D 生产函数和 CES 生产函数不同，超越对数生产函数放松了技术进步希克斯中性的假设，但仍假设市场完全竞争和市场出清。其次，超越对数生产函数替代弹性可变，且两两要素的替代弹性各不相同。特别地，C-D 生产函数及 CES 生产函数是超越对数生产函数的特殊形式。在只有劳动、资本两种投入要素的情况下，当 $\beta_{KK}=\beta_{LL}=\beta_{KL}=0$ 时，超越对数生产函数转变为 C-D 生产函数；当 $\beta_{KK}=\beta_{LL}=-\beta_{KL}$时，超越对数生产函数转变为 CES 生产函数。

通过上面几种常见生产函数生产率测算的描述，我们可以看出，由于假设前提不同，不同的生产函数在测算生产增长率的过程中各有利弊：一般地，C-D 生产函数是相对更容易估计和进行数学处理的，对变量数量没有限制，而 CES 生产函数及超越对数生产函数的估计和计算过程则相对比较复杂，一般只能容纳两个变量，更多的话计算就会变得极其繁杂，且 C-D 生产函数是唯一能够使均方估计误差最小的生产函数，CES 生产函数及超越对数生产函数均不具有这一性质；但它也有其局限性，C-D 生产函数是建立在较严格的假设条件之上的，而超越对数生产函数则不受这些假设条件的制约，但数学形式相当复杂，而且还可能出现缺乏自由度和多重共线等问题。考虑到在本章要素投入不仅包含劳动力和物质资本，还包括内容丰富的创新资本，因此，为简化问题，我们采用了 C-D 生产函数。

二、基于面板数据的计量分析

（一）面板数据的发展及优缺点

面板数据（Panel Data 或 Logitudinal Data，有时也称平行数据）是指对同一组个体在一段时间进行跟踪得到的数据，既包括横截面数据（n 个个体），也包括时间序列数据（T 个时期）。其最早来源于 Balestra 和 Nerlove（1996）发表的一篇关于面板数据的研讨会议论文，由于可以克服时间序列分析受多重共线性的困难，能够提供更多的信息、更多的变化、更少的共线性、更多的自由度和更高的估计效应，因而得到了迅速而广泛的发展和应用，被广泛应用于股票分析、经济增长、国际贸易等领域。

面板数据之所以能够得到如此广泛的应用，主要在于相比于其他分析工具，面板数据具有如下几点优势：

首先，面板数据能够提供更多关于个体动态行为的信息。这主要是因为面板数据不仅能够体现个体时间维度的特征，还能提供不同个体之间的信息，因此它能够解决许多由单独的截面数据或单独的时间序列数据所不能解决的一些问题。如在本书的研究中，考虑如何区分规模效应与创新资本企业生产效率的影响，如果仅采用横截面数据，由于没有时间维度，因而无法观测到创新资本存量对生产率的影响，而如果仅用单个企业的时间序列数据，我们又无法区分其生产效率的提高究竟多少是由于规模扩大带来的，又有多少是由创新资本带来的。

其次，面板数据大大提高了模型估计的精确度。与截面数据相比，面板数据能够控制由于不可观测变量所导致的 OLS 估计的偏差，从而能够使模型设定更合理、参数估计更准确；与时间序列数据相比，面板数据能够提供更多个体动态行为信息，从而能够大大降低变量之间的共线性问题，从而提高模型估计的有效性。

最后，面板数据是解决遗漏变量的一种非常有效的方法。遗漏变量偏差在现实经济中是一个普遍存在的问题。虽然有时我们可以通过工具变量法来解决，但一般情况下，有效的工具变量常常十分难找。遗漏变量通常是由于不可观测的个体差异或“异质性”（Heterogeneity）造成的，如果这种个体差异不会随时间而发生改变，则面板数据就为解决遗漏变量问题提供了一种有效的方法。

（二）面板数据模型简介

面板数据模型的一般表达式形如：

$$y_{it} = \beta x_{it} + z_i' \delta + u_i + \varepsilon_{it} \quad (i = 1,\ 2,\ \cdots,\ n;\ t = 1,\ 2,\ \cdots,\ T)$$

其中，z_i' 代表的是不随时间变化的个体特征（即 $z_{it} = z_i$，$\forall t$）。x_{it} 可以随个体或时间而变化。扰动项由（$u_i + \varepsilon_{it}$）构成，也被称为复合扰动项。其中，不可观测的随机变量 u_i 表示的是个体异质性的截距项；ε_{it} 为随个体随时间而改变的扰动项，$\{\varepsilon_{it}\}$ 是独立同分布，且与 u_i 不相关。根据 u_i 与解释变量是否相关，我们可以进一步将面板模型划分为固定效应模型和随机效应模型两大类：若 u_i 与其中某个解释变量相关，则我们将这类面板模型称为固定效应模型（Fixed Effects Model，FE）。在这种情况下，最小二乘估计是不一致的。若 u_i 与所有解释变量均不相关，我们将这类面板模型称为随机效应模型（Random Effects Model，RE）。从经济学理论的角度来看，随机效应模型通常比较少见，但是选择固定效应模型还是随机效应模型仍须通过数据进行检验再做选择。实践中，我们通常用豪斯曼（Hausman）检验来进行选择。

原假设"H_0——u_i与x_{it}、z_i'不相关"，即随机效应模型是正确模型。无论原假设是否成立，FE 都是一致的。但若原假设成立，则随机效应模型比固定效应模型更有效。若原假设不成立，则 RE 不一致。因此，如果 H_0 成立，则 FE 与 RE 估计量将共同收敛于真实的参数值，故 $(\hat{\beta}_{FE}-\hat{\beta}_{RE}) \xrightarrow{P} 0$。反之，如果两者的差距过大，则拒绝原假设。豪斯曼检验统计量的表达式如下：

$$(\hat{\beta}_{FE}-\hat{\beta}_{RE})'[Var(\hat{\beta}_{FE})-Var(\hat{\beta}_{RE})]^{-1}(\hat{\beta}_{FE}-\hat{\beta}_{RE})\xrightarrow{d}\chi^2(K)$$

其中，K 为$\hat{\beta}_{FE}$的维度，是 x_{it} 中所包含的随时间而变的解释变量个数（因为$\hat{\beta}_{FE}$无法估计不随时间而变的解释变量系数）。如果结果显示该统计量大于临界值，则我们拒绝原假设；反之，则接受原假设。

第二节　创新资本与区域经济增长的实证分析

一、实证模型的设定

从上节关于生产函数法全要素生产率核算的方法介绍中，我们可以看出，传统的全要素核算方法是将除劳动和物质资本以外的所有影响经济增长的因素都归入到了全要素生产率中。然而，随着创新经济的发展，物质资本和劳动力在经济发展中依然发挥着重要作用，然而创新资本的作用也在日益突出并逐渐超过物质资本和劳动力，成为驱动区域经济增长的关键因素。因此，当前情况下，对中国区域经济增长的核算不仅要考察物质资本、劳动力，还要考虑到创新资本对中国区域经济增长的贡献。因而，延续第四章中关于创新资本与内生增长理论模型的构建，根据罗默的思路，我们将创新资本从全要素中分解出来作为独立的要素投入纳入到生产函数中，建立了如下形式的生产函数表达式：

$$Y_{it} = TFP_{it} C_{it}^{\alpha} L_{it}^{\beta} \tag{6-1}$$

开放经济条件下，创新生产不仅受自身期初创新存量、自主研发水平的影响，还受区域间的创新溢出及来自国外研发的创新溢出的影响。外商直接投资和进出口贸易等已经成为当前国外创新溢出的主要途径。根据吴延兵（2008）的研究，我们定义全要素生产率的表达式如下：

$$TFP = \sigma e^{f(K_{it}^{R}, K_{it}^{F}, K_{it}^{I}, K_{it}^{E}, H_{it}, A_{it}^{0}, A_{-it}^{0})} \tag{6-2}$$

其中，K_{it}^{R}、K_{it}^{F}、K_{it}^{I}、K_{it}^{E}、H_{it}、A_{it}^{0}、A_{-it}^{0}依次代表 R&D 经费投入、外商直接投资、进口贸易、出口贸易、R&D 人员投入、创新存量、国内其他区域的创新存量；σ 为常数项，表示在当前经济技术水平下，不能被经济系统量化的其他影响创新产出的各因素，如创新吸收能力、制度等。根据严成樑、周铭山和龚六堂（2010）的研究，我们将函数 f（◦）设定为：

$$\begin{aligned} f(\circ) = {} & \omega_1 \ln(K_{it}^{R}) + \omega_2 \ln(K_{it}^{F}) + \omega_3 \ln(K_{it}^{I}) + \omega_4 \ln(K_{it}^{E}) + \omega_5 \ln(H_{it}) + \\ & \omega_6 \ln(A_{it}^{0}) + \omega_7 \ln(A_{-it}^{0}) \end{aligned} \tag{6-3}$$

合并式（6-1）、式（6-2）、式（6-3）并整理，得：

$$\begin{aligned} \ln Y_{it} = {} & \ln\sigma + \alpha \ln C_{it} + \beta \ln L_{it} + \omega_1 \ln(K_{it}^{R}) + \omega_2 \ln(K_{it}^{F}) + \omega_3 \ln(K_{it}^{I}) + \\ & \omega_4 \ln(K_{it}^{E}) + \omega_5 \ln(H_{it}) + \omega_6 \ln(A_{it}^{0}) + \omega_7 \ln(A_{-it}^{0}) \end{aligned} \tag{6-4}$$

其中，α、β、ω_1、ω_2、ω_3、ω_4、ω_5、ω_6、ω_7 分别表示物质资本、劳动力、R&D 经费投入、外商直接投资、进口贸易、出口贸易、R&D 人员投入、本省创新存量和其余省份创新存量的产出弹性。它们是本书关注的重点。

二、数据说明与描述

对影响经济增长的各要素投入的数据处理是实证研究中十分重要的环节，这是因为指标选择的适宜与否和数据处理的恰当与否直接影响着实证结果的可信度。根据上述实证模型的设定，本章所涉及的变量主要包括实际产出水平、创新资本存量、物质资本存量、劳动力数量、R&D 经费投入、外商直接投资、进口贸易额、出口贸易额、R&D 人员投入及其余地区创新存量。

为了使历年数据具有可比性，本章对国内生产总值、物质资本存量、R&D 经费投入、FDI、进出口贸易额等用可比价格进行了调整，用年末从业人员总量衡量劳动力数量。考虑到数据的可得性，本章用当前专利授权数量表示新生产的创新。这里需要指出的是，用专利数量衡量创新产出可能存在两方面的不足：首先，不同类型的专利所包含的技术含量不同，包含的价值也有很大差别，因而专利数量并不能完全体现专利所包含的价值；其次，专利使持有的企业对市场具有一定的垄断优势，考虑到专利申请的保护期一旦结束，企业必须将其专利内容等予以公布，这将必然导致企业丧失对市场的垄断权力，因此为了在未来保持更长时期的市场垄断优势，部分企业会考虑放弃专利申请。然而，尽管用专利授权数量衡量新的创新资本具有一定的缺陷，但相对于现有的其他统计指标而言，专利数量仍是反映创新产出的较好的指标（严成樑等，2010），因此本章仍然延续这一做法。

关于资本存量的估算，我们仍采用当前运用最广泛的永续盘存法（Perpetual Inventory Method）：

$$P_{it}=(1-d)P_{it-1}+I_{it}$$

其中，P_{it}表示第 i 个省份第 t 年的全社会固定资产投资额或新生产的创新资本（也被称为创新资本流量），d 表示物质资本或创新资本存量的折旧率。期初的资本存量或创新资本存量$P_{i0}=I_{i0}/(g_i+d)$，其中g_i表示第 i 个省份 2004~2013 年物质资本或新生产创新资本的平均增长率。从公式中可以看出，折旧率的核算是引起创新存量及物质资本存量估算偏差的重要因素。

资本折旧率不仅因经济发展水平及发展阶段的不同而呈现出阶段性变化的特征，而且资本包含要素的不同也会对折旧率产生重要的影响。关于中国物质资本折旧率的选择，尤其是各省份物质资本折旧率的选择，由于国家统计部门并没有直接公布固定资本折旧，这就为学者们开展研究带来了一定的困难。现有文献对折旧率的选择主要有三种途径：一是直接沿用已有文献中较常使用的折旧率；二是根据资本品的平均使用寿命和官方公布的残值率计算得到的折旧率；三是根据国民收入关系式推算出的折旧率。但在折旧率的最终选择上，各文献也有很大的差异，帕金斯（Perkins，1998）、孟连和王小鲁（2000）均假设资本折旧率为5%；霍尔和琼斯（Hall and Jones，1999）、扬（Young，2000）选择了6%的折旧率；倪泽强和汪本强（2016）测算出1981~2013年全国平均资本折旧率为9.8%；王海兵（2015）则根据中国经济发展不同阶段对物质资本折旧率做了阶段性的设定，1952~1966年折旧率为2%，1967~1977年折旧率为5%，1978~2012年折旧率为9.6%；陈昌兵（2014）利用增长率法和计量法估计期初资本存量并利用生产函数构建折旧率四种模型对折旧率进行了估算，结果显示，固定不变折旧率为5.65%左右，可变折旧率与GDP增长率相关，并且在1993年发生结构变化，可变折旧率均在5.63%左右；单豪杰（2008）采用了几何效率递减的余额折旧法，分别测算出建筑（8.12%）和设备（17.08%）折旧率，然后根据两者的比重对折旧率进行加权平均，最终估算得到中国物质资本折旧率约为10.96%。

创新资本折旧率主要是由两方面导致的：一是由于创新的老化产生的，新创新的产生会取代已有创新，使已有创新不再适用于生产从而导致折旧；二是由于以专业为主要存在的创新一般具有一定的保护期，随着保护期的结束，创新所有者逐渐丧失了对创新的专有权，从而导致其收益迅速下降。对创新折旧率的估算一般有两种方法：创新平均使用寿命的倒数及利用专利残存数进行估算。但对创新折旧率的估算仍未达成共识。考虑到创新的更新速度相比于物质资本来说更快，大多数学者在进行创新存量的估算时，一般选取的折旧率都要高于物质资本折旧率。如邓明和钱争鸣（2009）根据我国专利的平均使用年限为14年，用倒数法得到创新折旧率约为 7.14%；但考虑到创新溢出的存在及企业为保护创新通常不会申请专利等因素，实际创新折旧率要高于这一比率。当前国内研究大多沿用国际上常用的创新折旧率，日本东京工业大学渡边的研究表明，日本的创新折旧率达到了 13%。邹珊刚等（2001）在研究澳大利亚创新测度的几种方法时，折旧率取值为 10%。Pakes 和 Schankeman（1984）、Hall 和 Mairesse（1995）研究表明，创新折旧率约为 25%。Pessoa（2005）的研究则表明创新资本折旧率为 15%，这也是当前国际上较常用的折旧率。综合考虑已有研究文献，并结合中国当前经济发展水平及发展阶段，本章取物质资本折旧率 10%，考虑到创新更新速度更快，本章取创新资本折旧率为 15%。

同时，从实证模型表达式中可以看出，估算创新资本与生产率关系时会产生 R&D（R&D 人员和 R&D 设备等物质投入）的双重计算问题。这是因为物质资本投入中包含了 R&D 经费投入中部分资本投入，劳动力数量中也包含了投入到创新生产过程中的人力资本投入。因此，若要将它们同时纳入到生产函数中，就会产生重复计算。在本章的样本数据中，物质资本投入中包含了 R&D 经费投入中用于购置设备等的相关费用，而劳动力数量中包含了 R&D 人员投入，因此 R&D 投入在生产函数中存在着双重计算的问题，为了尽可能降低双重计算对实证结果的影响，本章对样本数据中的物质资本投入和劳动力数量进行了校正，从物质资本投入中扣除了 R&D 经费投入中用于购置设备的相关费用，然后再用永续盘存法计算校正后的物质资本存量，从劳动力数量中扣除了 R&D 人员数量，经过这些处理后，我们可以尽可能地降低因双重计算对实证结果带来的偏差。

考虑到统计口径的一致性，本章选取了 2004~2013 年中国 30 个省份的面板数据。其中，产出、社会固定资产投资、劳动力、外商直接投资和进出口贸易数据来源于历年《中国统计年鉴》；R&D 经费投入、R&D 人员及创新存量（专利申请数量）来源于历年《中国科技统计年鉴》。物质资本存量、本省的创新存量及其余省份的创新存量可通过式（6-4）估算，实际产出、R&D 经费投入、外商直接投资和进口均按可比价格计算。表 6-1 是各主要变量的简单统计描述。

表 6-1 2004~2013 年 30 个省份主要变量的简单统计描述

	均值	标准差	最小值	最大值
实际产出（亿元）	9846. 229	8973. 253	220. 3449	49923. 09
创新存量（件）	51637. 53	103372. 8	65. 23162	790354. 2
物质资本存量（亿元）	171205. 3	152355	6449. 827	783190. 8
劳动力（万人）	2433. 655	1702. 606	137. 2658	6539. 456
R&D 经费投入（亿元）	233. 6482	265. 4797	1. 3787	1392. 294
外商直接投资（亿元）	5375. 528	8107. 027	27. 39621	43240. 63
进口贸易额（亿元）	2692. 87	5564. 201	3. 871887	37442. 69
出口贸易额（亿元）	3192. 264	6154. 977	17. 20565	39411. 29
R&D 人员（全时当量：人年）	111471	111200. 6	542	652405
其余省份总的创新存量（件）	1549126	1144809	263646. 8	3946149

第三节 实证结果与分析

一、基本估计结果

创新资本投入增长有利于提高创新产出，促进技术进步，推动经济增长。图 6-1 给出了创新资本存量、R&D 经费、R&D 人员、外商直接投资和进口贸易及出口贸易等与实际产出之间的散点图，从中可以比较直观地看出创新资本与实际产出之间存在较强的相关性。

由于是面板数据，本章分别使用了混合最小二乘法（Pooled-OLS）、固定效应模型及随机效应模型进行估计，并通过 F 检验、LM 检验及 Hausman 检验进行模型设定检验，检验结果显示应该使用固定效应模型，而非随机效应模型。表 6-2 是通过固定效应模型估计的结果，其中模型 1 显示

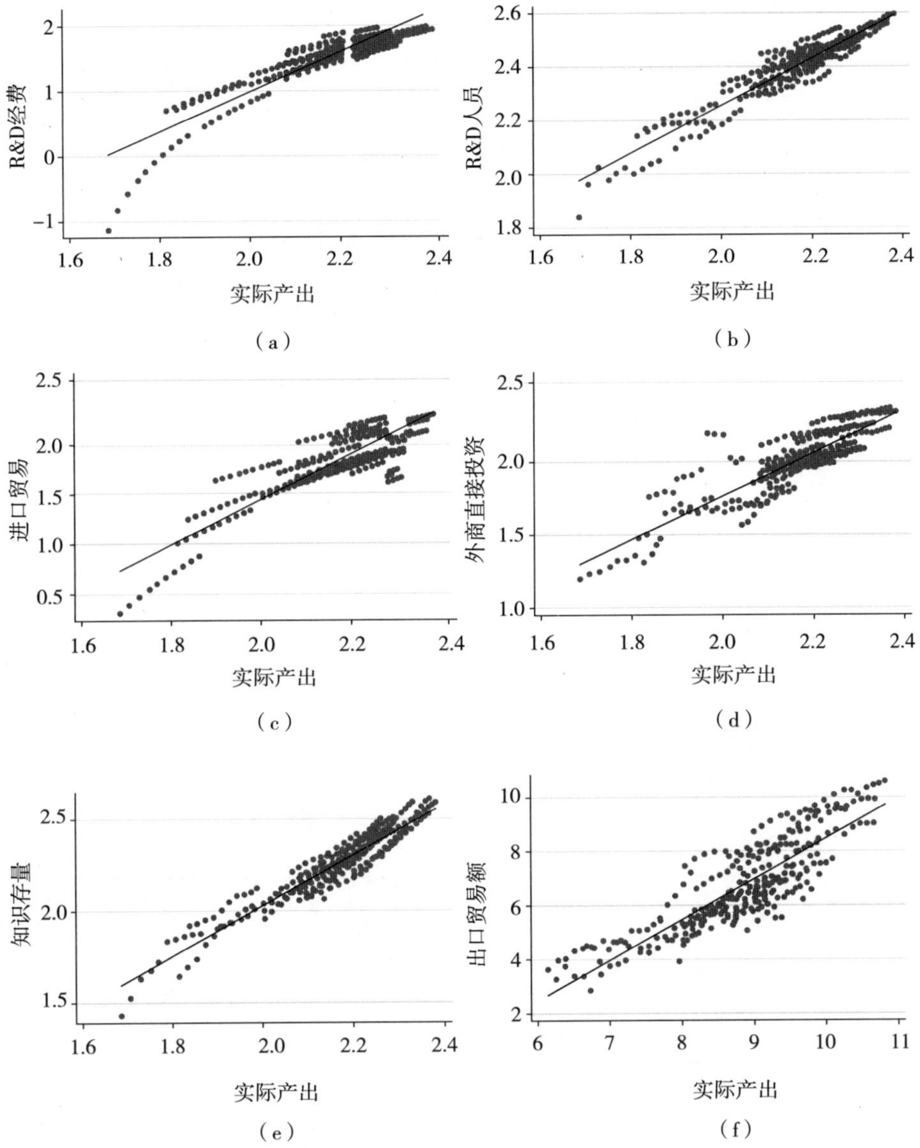

图 6-1　创新资本与实际产出的关系

了仅考虑物质资本投资和劳动力的估计结果；模型 2 加入了创新资本投入。估计结果显示，物质资本投入、创新资本投入和劳动力投入对经济增长都发挥了重要作用。其中，物质资本投入和劳动力投入对经济增长的促进作用更显著，其弹性系数分别为 0. 2428 和 0. 5452。本章重点关注的是创新资本对经济增长的促进作用。模型 2 的估计结果显示，创新资本对经济增长有着重要的促进作用，但并不是所有创新资本投入都能促进经济增长。

表 6-2　中国总产出水平的影响因素分析

	模型 1	模型 2
物质资本	1. 124*** (43. 4)	0. 2428*** (5. 9)
劳动力	0. 3246 (3. 4)	0. 5452 (1. 47)
创新存量		0. 0306* (1. 79)
R&D 经费		-0. 0743** (-2. 49)
外商直接投资		0. 1480 (3. 03)
进口贸易		0. 2842*** (4. 95)
出口贸易		0. 0050 (3. 28)
R&D 人员全时当量		0. 1194*** (3. 78)
其余省份创新存量		0. 1308*** (4. 96)
常数项	-1. 2443 (-8. 51)	-0. 296 (-1. 36)

续表

	模型 1	模型 2
R^2	0.9738	0.9933
F 值	2853.87	5047.69

注：括号中的数字表示 t 值；*、** 和 *** 分别表示参数估计值在 1%、5%和 10%水平上显著。

进一步地，我们通过标准的增长核算法来估算物质资本、劳动力、创新存量、R&D 经费投入、R&D 人员全时当量、外商直接投资、进口贸易、出口贸易和其余省份创新存量对中国经济增长的贡献度。将式（6-4）两端分别对时间 t 求导，可求得：

$$g_Y = g_\sigma + \alpha g_C + \beta g_L + \omega_1 g_{K^R} + \omega_2 g_{K^F} + \omega_3 g_{K^I} + \omega_4 g_{K^E} + \omega_5 g_H + \omega_6 g_{A^0} + \omega_7 g_{A^{-0}} \quad (6-5)$$

根据式（6-5），我们可以将总产出的增长率分解为物质资本、劳动力、R&D 经费投入、外商直接投资、进口贸易、出口贸易、R&D 人员、本省创新存量和其余省份创新存量的增长率。将式（6-5）两端同时除以 g_Y，从而我们可以得到各要素投入对中国区域经济增长的贡献度，即：

$$\varphi_\sigma = g_\sigma / g_Y$$

$$\varphi_C = \alpha g_C / g_Y$$

$$\varphi_L = \beta g_L / g_Y$$

$$\varphi_{K^R} = \omega_1 g_{K^R} / g_Y$$

$$\varphi_{K^F} = \omega_2 g_{K^F} / g_Y$$

$$\varphi_{K^I} = \omega_3 g_{K^I} / g_Y$$

$$\varphi_{K^E} = \omega_4 g_{K^E} / g_Y$$

$$\varphi_H = \omega_5 g_H / g_Y$$

$$\varphi_{A^0} = \omega_6 g_{A^0} / g_Y$$

$$\varphi_{A^{-0}} = \omega_7 g_{A^{-0}} / g_Y$$

其中，φ_σ、φ_C、φ_L、φ_{K^R}、φ_{K^F}、φ_{K^I}、φ_{K^E}、φ_H、φ_{A^0}和 $\varphi_{A^{-0}}$分别表示排除创新后的全要素生产率、物质资本、劳动力、R&D 经费投入、外商直接投资、进口贸易、出口贸易、R&D 人员、本省创新存量和其余省份创新存

量对中国区域经济增长的贡献度。

表 6-3　2004~2013 年中国经济增长的核算

	平均增长率（%）	对经济增长的贡献度（%）
创新存量	30.81	7.74
物质资本	12.14	24.18
劳动力	1.65	7.38
R&D 经费	12.02	-7.34
外商直接投资	8.45	10.26
进口贸易	11.76	27.42
出口贸易	14.22	0.59
R&D 人员全时当量	9.14	8.95
其余省份创新存量	30.81	33.05
排除创新资本后的全要素生产率	—	-12.23

表 6-3 给出了 2004~2013 年中国各要素投入的增长率及中国经济增长核算的结果。可以看出，在样本期间，中国创新存量增长速度最快，为 30.81%，物质资本次之，全要素生产率的增长甚至为负；其余省份创新存量对经济增长的贡献度最大，为 33.05%，进口贸易和物质资本紧跟其后，分别为 27.42% 和 24.18%。出口贸易对经济增长的贡献度较小，仅为 0.59%，这与当前我国出口主要以初级农产品加工和工业制成品采用“三来一往”的模型有着重要联系，出口商品结构产业附加值不高，对创新溢出和生产率提高的作用并不明显。此外，R&D 经费投入对生产率的作用为负，究其原因可能在于 R&D 经费投入的滞后性，使 R&D 经费的作用可能要在经费投入后的若干期后才会发挥作用。综合上述分析表明，中国经济已由物质资本驱动为主转向了物质资本和创新资本双驱动的发展模式。以创新资本投入为主的创新生产对中国区域经济增长发挥着越来越重要的作用。但进一步分析发现，当前中国以创新资本投入为主的创新生产中，发挥重要作用的主要是引进和模仿创新，自主创新比重不足。

此外，值得注意的是，全要素生产率的增长率及其对经济增长的贡献度均为负值，这与严成樑和沈超（2011）在考察物质资本、人力资本、劳动力及创新存量对中国经济增长的作用时得出的结论基本一致。可能的解释是，在标准的经济增长框架下，全要素生产率包含了除物质资本和劳动力外所有可能影响生产的因素，而以往文献由于忽视了以创新资本投入为主的创新生产对经济增长的影响，从而高估了全要素生产率对经济增长的贡献度。事实上，扬（Young，1995）在研究中国香港、中国台湾、新加坡和韩国等东亚新型经济体经济增长时就发现，这些地区的经济增长主要是由资本和劳动等要素投入驱动的，全要素生产率对经济增长的贡献度很小，有的时候甚至为负。

二、区域差异分析

由于中国地域广袤，不同区域之间在自然资源禀赋、经济水平等多方面都存在着很大的差别。从第五章关于中国区域创新资本的特征分析中也可以看出，受改革开放以来，我国实行的不均衡发展战略的影响，东部地区一直是 R&D 人员和经费投入及对外贸易和外商直接投资关注的重要地区，因而，不同区域创新资本的产出效率应该也会存在一定程度上的不同。创新资本的多寡及创新资本产出效率的不同对经济增长率的影响也会呈现不同程度的差异性。为了分析不同区域之间创新资本与经济增长及经济增长率的不同影响，本章进一步对中国四大区域创新资本与经济增长的关系进行了面板分析，分别使用了混合最小二乘法（Pooled-OLS）、固定效应模型及随机效应模型进行估计，并通过 F 检验、LM 检验及 Hausman 检验进行模型设定检验，检验结果表明应该使用固定效应模型，而非随机效应模型。表 6-4 是通过固定效应模型估计的结果。

表 6-4　中国区域产出水平的影响因素分析

	东部地区	中部地区	西部地区	东北地区
物质资本	0.1798***	0.2748***	0.2805***	0.4120***
	(2.76)	(4.12)	(2.11)	(1.43)

续表

	东部地区	中部地区	西部地区	东北地区
劳动力	0.5858** (11.53)	0.8532*** (8.92)	0.9852*** (8.76)	0.8386** (1.78)
创新存量	0.08951** (2.19)	0.0681** (1.74)	0.0706* (2.22)	0.1396* (1.46)
R&D 经费	-0.0687** (-3.52)	-0.0734* (-0.91)	-0.0804** (-1.25)	-0.0862* (-0.58)
外商直接投资	0.1087** (2.53)	0.0855** (0.51)	0.0544* (0.92)	0.0602* (3.87)
进口贸易	0.2191*** (6.30)	0.1814*** (3.27)	0.2172** (3.82)	0.1748** (2.87)
出口贸易	0.0007 (4.68)	0.0013 (5.07)	0.0006 (3.98)	0.0002 (4.56)
R&D 人员全时当量	0.1351*** (1.64)	0.1032*** (2.98)	0.0603*** (1.47)	0.0583*** (2.36)
其余省份创新存量	0.0902*** (5.65)	0.1325*** (4.33)	0.1725* (5.11)	0.1152* (7.21)
常数项	-0.96 (-2.36)	-0.08 (-3.19)	-0.49 (-2.81)	-0.85 (-5.36)
R^2	0.9853	0.9638	0.9937	0.9921
F 值	4875.45	4921.01	4892.74	4897.28

注：括号中的数字表示 t 值；*、** 和 *** 分别表示参数估计值在 1%、5%和 10%水平上显著。

进一步地，按照前述方法计算创新资本各要素对区域经济增长的贡献率，得到表 6-5。总的来看，物质资本和劳动力在经济增长中的贡献度呈现了下降的趋势，创新存量对经济增长的作用不断加强。

表 6-5　2004~2013 年中国经济增长的核算

	东部地区		中部地区		西部地区		东北地区	
	增长率	贡献率	增长率	贡献率	增长率	贡献率	增长率	贡献率
物质资本	11.61	17.82	12.38	27.30	13.29	28.07	12.45	41.55
劳动力	2.19	10.93	1.39	9.52	1.01	7.46	2.14	14.52
创新存量	31.67	24.20	33.89	18.51	29.16	15.49	19.89	22.50
R&D 经费	11.53	-6.76	12.50	-7.37	13.36	-8.09	12.47	-8.70
外商直接投资	7.89	7.31	11.34	7.78	12.17	4.98	7.91	3.86
进口贸易	11.62	21.73	12.53	18.24	13.22	21.62	12.57	17.80
出口贸易	11.64	0.07	12.37	0.12	13.01	0.06	12.42	0.02
R&D 人员全时当量	11.99	13.83	7.75	6.42	4.55	2.06	2.97	1.40
其余省份创新存量	30.75	23.68	30.76	32.71	30.83	40.07	31.07	29.00
排除创新资本后的全要素生产率		-12.82		-14.36		-11.72		-21.94

第四节　主要结论

通过上面的实证分析，我们可以看出，虽然近年来各省份创新资本各要素总量均呈现不同程度的增长，但近年来我国创新驱动发展战略的实施，对创新和科学技术的重视不断加大，人力资本质量不断提高，改革开放的不断推进，与世界各国的贸易和投资往来越来越密切，以及国内政府对区域发展差距的重视及均衡发展战略的实施，都对创新资本各要素与经济增长的关系产生了一定的影响。总的来看，中国创新资本与经济增长之间的关系呈现出两方面的主要变化：一方面，当前中国经济已经由以往物质资本和劳动力驱动的粗放发展模式转向了物质资本和创新资本双驱动的发展模式。改革开放以来，中国依靠物质资本投入的廉价劳动力驱动的经济增长模式实现了经济的迅速发展，然而近年来，尤其是在金融危机以后，中国经济步入新常态，内需不足导致投资乏力，同时以沿海“民工荒”等现象的出现为标志预示着“刘易斯拐点”的出现，中国的人口红利逐渐削弱。当前创新资本对中国经济增长的促进作用逐渐凸显。另一方面，当前中国创新生产仍以模仿、学习为主，自主创新能力依然较弱，距离建设自主创新型国家的目标依然较远。当前，对以外商直接投资、进出口贸易等国外物化创新为主要方式的创新溢出的吸收、消化和再创新在中国创新生产中占有重要分量，而 R&D 人员投入和 R&D 经费投入的自主创新对中国区域经济增长的促进作用较小，如果排除了 R&D 投入中用于消化、吸收、模仿国外创新溢出的部分，则中国自主创新能力更低。

一、传统生产要素在经济增长中的作用及贡献率不断下降

实证分析结果表明，当前传统生产要素，即物质资本投入和劳动力投入对经济增长的贡献率相比以往已经呈现了明显的下降趋势。如本章对全国 30 个省级行政单位（西藏自治区除外）2004~2013 年的实证分析结果显示，当前物质资本对经济增长的贡献率为 24.18%，与孟晓晨等（2005）测算的全国 28 个省级行政单位物质资本对经济增长的贡献率 35%（1983~1992 年）和 30%（1992~2001 年）相比有了明显的下降。又如，本章实证结果显示，劳动力对经济增长的贡献率为 7.38%，低于 1981~2001 年的 23.4%（田成诗和盖美，2005）。分析其原因，从经济社会可持续发展角度出发，长期依靠固定资产投入和劳动力规模扩张的经济发展模式是不允许的，同时中国虽然地大物博、资本丰富，但人均资源匮乏，且原始资本积累薄弱，依靠传统生产要素的粗放型经济增长方式是存在一定的天然障碍的。尤其是在金融危机以后，随着中国经济步入新常态，内需不足导致投资乏力，同时以沿海“民工荒”等现象的出现为标志预示着“刘易斯拐点”的出现，中国人口红利逐渐削弱。数据显示，近年来中国工资上涨速度不仅明显快于美、日、欧等发达经济体，而且也比南非、巴西等发展中国家快。数据显示，2008~2014 年，中国就业人员平均工资年均增长率达到 11.8%，扣除物价等因素影响后，实际增长率为 9.0%。而同期美国工

资实际增长率仅为 1.9%、欧元区为 0.5%、日本为-0.8%；南非和巴西的实际工资增长率分别为 3.2%和 5.7%（陈彬，2016）。中国企业承担的“五险一金”费用合计占到职工工资总额的 33%~40%，而国外这一数据一般为 15%~20%，中国企业的社保缴费负担较重。这些都预示着以往依靠物质资本及劳动力等传统生产要素投入增长的粗放型经济增长方式已经难以为继，中国经济增长面临着转型升级的巨大压力和挑战。

二、中国当前自主创新能力依然较弱

虽然以 R&D 投入（包括 R&D 经费投入和 R&D 人员投入）作为衡量自主创新能力的指标不够准确，但考虑到对创新溢出的吸收仍然会占据一定量的 R&D 投入，总的来说，以 R&D 投入衡量自主创新能力仍会偏高地估计自主创新能力。然而，即使这样，从上述的实证分析结果中可以看出，当前我国自主创新能力依然不足，R&D 经费投入和 R&D 人员投入年均增长率分别为 12.02%和 9.14%，但其对经济增长的贡献度分别为-7.34%和 8.95%。特别地，R&D 经费投入对经济增长的贡献度为负值，分析其可能的原因：一方面，R&D 经费投入本身的滞后性使 R&D 经费投入的作用可能要在经费投入后的若干年才会发挥作用。如谢兰云（2009）在分析 1978~2007 年 R&D 经费投入与经济增长之间关系时发现，由于 R&D 经费投入所具有的滞后效应的高风险等特征，使其对当期的国内生产总值来说只有投入而没有产出，从而导致其当前的弹性为负值，R&D 经费投入对经济增长的促进作用要在滞后一期才会显现出来，即上一期 R&D 经费投入每增加 1 个百分点将会带来当期国内生产总值 0.28%的增长。另一方面，我国对 R&D 投入对经济增长的贡献的重视依然不够，同时存在着体制机制等方面的原因，导致当前我国 R&D 经费利用效率较低，也是造成当前我国 R&D 经费投入对经济增长的促进作用偏小的原因。总的来说，与西方发达国家相比，当前我国 R&D 经费投入占国内生产总值的比重依然较低，加之 R&D 产出效率较低，使 R&D 经费投入对经济增长的“发动机”的作用发挥得并不明显。

此外，相比于 R&D 经费投入，R&D 人员投入对经济增长具有正向促进作用，但与其增长速度相比，对经济增长的促进作用较弱。这表明，随着R&D人员投入的不断增加，能够提升地区创新产出效率和创新能力；同时，R&D人员投入的增加能够促进科技成果的转化，大大提高直接经济效益的产出效率。但考虑到近年来中国高校不断扩招，但高水平的研究人员依然较少，导致我国R&D人员中高素质人力资本比重依然较少，R&D人员总量增长速度低于其在经济增长中的贡献度。

三、创新溢出在中国经济增长中占有重要地位

当前以外商直接投资、往来贸易及区域间的人员交流与培训等为主要形式的创新溢出在中国创新生产及经济增长中占有不容忽视的重要地位。从本章的实证分析结果来看，当前国内区域间的创新溢出对中国区域创新生产及经济增长的贡献度最大，这可能的解释是，来自国内其余地区的创新溢出中所包含的创新更易于被国内其他地区所吸收，这是因为它们所处的制度环境等更为相似。

来自国外的物化型创新溢出对中国创新生产及经济增长的作用大小依次为进口贸易（27.42%）、外商直接投资（10.26%）和出口贸易（0.59%）。这说明在当前阶段，总的来说，国外创新溢出资本对中国经济增长具有明显的促进作用。对于像中国这样的发展中国家来说，国外创新溢出对本国经济增长率的主导性作用在未来一段时间内可能不会发生明显的变化，可能的原因主要有：首先，当前中国经济和技术水平与世界发达国家相比仍然有着一定的差距，这就意味着中国创新资本具有明显的后发优势，相应地也提高了国外创新溢出对本国经济增长率的促进作用。其次，现阶段，中国大多数省份和地区对招商引资等给予了“超国民待遇”，这就更强化了本来已经在技术和管理等方面具有明显优势的跨国公司的竞争力。当前，随着中国创新驱动发展战略的实施及创新型国家的不断建设和完善，国外创新溢出在中国经济增长率中的重要性会逐渐下降，未来中国生产率的提高最主要还是要取决于国内自主创新能力及国内区域间的创新溢出。因此，推进和加强中国自主创新能力建设是未来中国政府和企业工作和发展的重要任务。

需要特别指出的是，在物化型创新溢出中出口贸易对中国经济增长率的影响作用最小。改革开放以来，中国越来越融入经济全球化的大环境中，对外贸易发展迅速，对外贸易对中国经济的影响越来越明显，尤其是出口，尽管金融危机以来，中国出口贸易受到很大的影响，但在扩大内需效果不明显的情况下，出口贸易依然是拉动中国经济增长的重要引擎之一。但是，当前在中国出口贸易额不断增长的同时，出口贸易也面临着许多结构性等深层次的问题，制约着中国今后出口持续稳定增长，同时也不利于中国充分利用出口贸易所产生的动态效应，不利于中国实现经济增长方式转型及经济的长期稳定持续增长。如前所述，当前我国出口贸易商品结构虽有所改善，但劳动密集型和资本密集型等产品仍占有较大比重，技术含量较低、附加值不高，导致出口贸易的创新溢出作用并不突出。

四、排除创新后的全要素生产率对经济增长有一定反作用

值得注意的是，全要素生产率的增长率及其对经济增长的贡献度均为负值，这与严成樑和沈超（2011）在考察物质资本、人力资本、劳动及创新存量对中国经济增长的作用时得出的结论基本一致。可能的解释是，在标准的经济增长框架下，全要素生产率包含了除物质资本和劳动外所有可能影响生产的因素，而以往文献由于忽视了以创新资本投入为主的创新生产对经济增长的影响，从而高估了全要素生产率对经济增长的贡献度。事实上，扬（Young，1995）在研究中国香港、中国台湾、新加坡和韩国等东亚新兴经济体的经济增长时就发现，这些地区的经济增长主要是由资本和劳动等要素投入驱动的，全要素生产率对经济增长的贡献度很小，有的时候甚至为负。

同时，全要素生产率为负在一定程度上也符合波特的国家竞争四阶段论。国家竞争四阶段论指出，一个国家或地区的经济增长方式从粗放到集约发展大致要经历四个阶段，即自然禀赋驱动阶段、投资驱动阶段、创新资本驱动阶段和财富驱动阶段。其中，在财富驱动阶段中，人们的物质财富得到了极大的满足，在该阶段中人民更多追求的是一种精神上的满足。同时波特指出，在该阶段经济增长速度将放缓，甚至出现负增长。

五、创新资本是导致区域发展差距不断扩大的重要因素

从前面的分析中我们能够明显地看出，创新资本在不同区域间的贡献大小并不完全相同，即使是创新资本的同一构成要素在不同区域之间的作用大小也存在着显著的差别。分析结果显示，创新资本在扩大区域经济发展差距中起着重要的作用，四大区域创新资本对区域经济增长的贡献度大小依次为东部地区、中部地区、西部地区和东北地区。东北地区在创新资本投入及创新产出等方面都占有不利地位，这和东北地区作为老牌工业基地有着很大的关系，同时由于体制机制等方面的不健全等因素，东北地区排除创新资本后的全要素生产率对经济增长率的贡献度显著为负；东部地区不论是在创新资本的投入方面还是在创新资本的产出方面都具有明显的优势，是中国创新要素和创新资源最丰富的地区，对东部地区经济发展发挥着巨大的作用。通过创新资本的空间均衡配置来控制或缩小区域发展差距为促进中国区域协调发展提供了思路。

第七章

优化创新资本结构促进中国区域经济增长的政策建议

创新是一个民族进步的灵魂，也是一个国家（地区）不断发展进步的不竭动力，成为衡量一国综合实力和国际竞争力的重要指标和内容。在经济全球化进程不断深化的当代，国外创新溢出无疑为许多发展中国家和地区获取创新资本提供了良好的条件，科学有效地吸收来自国外地区的创新溢出对落后地区获取新创新、实现经济赶超和长期稳定发展都有着不言而喻的重要作用，但同时也要认识到，对自主创新能力的培育和提高同样应该给予足够的重视，这是因为，高水平的自主创新能力才是一国（地区）经济长期稳定发展的重要支撑和保障。随着中国改革开放进程的不断推进，特别是在中国加入世界贸易组织后，面临的国际经济形势更加复杂多变，全球金融危机以来，发达国家为保护本国企业，不同程度地实行了贸易保护政策，这对于长期处于贸易顺差的中国而言无疑是不利的，中国经济增长速度日渐趋缓，新常态下如何保持中国经济长期稳定增长成为当前中国政府面临的首要任务。中央及地方政府和企业必须主动采取一定的政策和策略来应对日渐激烈的国际竞争形势，增强中国自主创新能力将成为未来较长一段时间内促进中国经济长期稳定增长的重要举措和必经之路。

一、优化创新环境，强化企业主体地位

优化创新环境主要包括两个层面：以科技基础条件平台为核心构造的硬件支撑系统和以体制、机制为核心的运行关系支撑系统。从中国当前发

展现实来看，要在稳步推进硬件支撑系统建设的基础上，加快推进体制和机制创新。在中国，建设以企业为主体的创新体系是国家创新体系建设的中心环节，《国家中长期科学和技术发展规划（2006-2020）》也将其作为重要方略给予了高度的重视并在规划、实施的过程中严格执行。然而，企业主体作用能够得到明显提升的关键不是仅在企业层面进行推进，如要求企业增加投入、支持企业建立研发机构、向企业投入更多的创新资源等。这种资源注入的方式在短期内能见到明显效果，但从长期来看，并不能解决企业的发展机制问题。企业在创新中不能很好地发挥主体作用的关键制约因素是当前我国还没有建立起以企业为创新主体的完善的经济运行机制。

一般地，在市场经济条件下，企业是经济运行的主体，也是价值创造的主体，也就必然是创新资本生产的主体。如果说有这样一种经济运行模式，企业是经济运行的主体，但不是创新资本生产的主体（或没有真正成为创新资本生产的主体)，那就说明这种经济运行模式还没有使创新生产和创新成为企业的第一需求和内在发展动力，这样就需要从经济运行机制改革和创新入手，构建有利于企业成为创新主体的社会环境。

首先，要降低部分垄断行业的进入门槛，允许外资和民间资本进入，形成公平竞争的市场环境。我国制造业中的石油化工、大型装备制造、服务业中的电信业务、金融、铁路运输、民用航空等行业民间资本进入水平低，有效的竞争机制尚未建立。借助行政力量所形成的垄断性企业集团带来创新资本生产动力缺失和资源使用效率较低，导致相关产业的国际竞争力不足。在这些行业中引入公平竞争的机制才能激励企业创新资本生产的内在需求，提升企业创新生产能力。

其次，要给予民营企业更多的国民待遇。目前，国有商业银行的商业贷款主要面向的还是国有企业，民营企业从金融机构获得的商业贷款比率远远低于民营企业对国内生产总值的贡献率。融资渠道不顺畅，加剧了民营企业的资金短缺，提高了民营企业的资金成本，使其难以实现跨越式发展。此外，民营企业在申请政府科技经费方面也存在着诸多障碍，除了个别专门面向民营企业的支持计划外，民营企业在政府科技经费申请方面还远远没有享受到国有企业所享受到的待遇。为此，必须从体制改革和政策体系创新着手，构建和完善有利于民营企业创新生产的体制和政策环境。

再次，对整个行业仅存在一两个国有企业的高度垄断行业的国有企业集团实行拆分。通过行政手段推进国有企业合并，组建行业垄断性的巨型企业集团，不利于企业自主创新能力的培育和国际竞争力的提升。这主要是因为这些高度垄断的行业大都效率比较低下，产品和服务质量也相对较低。因此，笔者建议在引进民间资本和外资的同时，对这些大型垄断企业集团实行拆分，在部分垄断行业引入竞争机制。

又次，重视民间创新活动，实施大众创新计划。中国的国家创新体系与发达国家的创新体系遵循了两种不同的发展模式。在市场经济国家，近代的民间创新活动是近代科学技术发展的主体，民间创新活动和市场经济体系建立同步发展。因此，民间创新是国家创新体系形成的微观基础。中国的民间创新是在计划经济体制内发育，民间创新没有被纳入国家计划的视野，加上民间资本的匮乏，以及计划经济体制下刚性的社会组织结构，使民间创新没有适宜的社会环境。发达国家通过近代的科学社会建制过程，实现了民间创新与国家制度安排的结合。在中国，国家的创新体系是在官办的科技创新管理体制基础上形成的，因此，民间创新没有与国家创新体系实现对接。所以，必须通过“双向驱动”模式的建立促进民间创新与国家创新体系的对接与融合。一是强化国家创新体系的各子系统对民间创新活动的服务和支持功能；二是提升民间创新对国家创新体系成果的学习、消化、传播和扩散功能，进而使民间创新成为国家创新体系中的活跃力量。

最后，完善知识产权保护制度。知识产权制度建设的重点：一是建立知识产权行政管理的协调机制。目前，中国的知识产权管理还存在行政部门分割管理的状态，知识产权局还主要是管理专利相关事项，商标归工商局管理，版权归新闻出版总署管理，三个部门之间缺少沟通与协调机制，大大降低了知识产权行政执法的力度。二是建立和完善知识产权质押制度，允许、鼓励知识产权持有人以知识产权作为质押，申请金融机构贷款。支持商业银行开办创新产权质押业务，以优化知识产权应用、扩散的社会环境。三是保护和鼓励发明人、科技人员从事发明创造的积极性。引导企业、科研院所和高等院校进行联合开发，增加知识产权创造。帮助和促进企业开发和实施具有自主创新产权的创新技术。对于生物技术、新材料技术、信息技术等新兴产业技术领域的专利申请给予重点支持，鼓励通过专利申请形成技术标准。

二、加大科教投入，注重创新人才培养

创新经济时代，创新是关键，教育是基础。创新经济归根结底是以“人”为中心的一种经济模式，人才方面的竞争是决定一国（地区）创新竞争成败的关键领域。加强教育经费投入和高校建设等，提高全民族的科学文化素养，培养一大批具有国际领先水平的创新型人才，是一国（地区）创新资本生产和经济发展的基本。高校作为国家创新传播系统的核心部分，在整个国家创新体系中发挥着至关重要的作用。创新经济的兴起、创新产业成为社会经济的主导产业，使获取和应用创新的能力成为决定经济竞争成败的关键。教育将成为经济发展和社会进步的基础，也是造就“智力”的产业，也将是创新经济时代最重要的基础性产业。

首先，创新教育投资体制，拓宽科教经费投入渠道。当前中国教育投资体制依然是一种以政府投资为主，单位、个人和社会投资为辅，投资决策相对分散的投资体制。这一体制对促进教育的发展起到了十分重要的作用，但是现行的教育体制也越来越不适应教育优先发展战略的需要，主要是教育投资体制不适应国民收入分配格局的变化，财政收入占 GDP 比重不断下降，政府投资在整个教育来源中所占比重偏高，这与当前国民收入已向个人、企业倾斜的格局是不协调的。因此，在增加财政收入占国内生产总值比重、增加财政对教育的投资的同时，必须充分发挥社会主体投资教育的积极性，逐步形成义务教育主要由国家投资、社会资助，非义务教育向社会投资为主、国家资助为辅的方向转变。要在政策上积极鼓励社会对教育的投资，如在加强管理和监督、考核的基础上，大力发展社会力量办学校；对企业和个人向教育投资，可以相应减免所得税和遗产赠与税等，逐步实现教育投资多元化，来满足日益发展的创新产业对不同层次、不同特长人才的需要。

其次，完善高层次创新型人才培养机制。科技人才是创新和科技的重

要载体之一，是创新生产、分配、传播与应用的主体。创新和科技通过科技人才的“中介”作用渗透到生产活动中。科技创新水平的高低主要是由科技人才的数量与质量决定的。人才是未来经济发展的决定性因素，是发展创新经济的前提和支撑条件。大力培养高层次创造型人才是教育面临的一项战略性任务。要把注意力从建设一些具体项目转移到“建设”人才上来，培养一批高素质、有创新能力，而且能将创新能力运用到经济社会与科学研究前沿上的人才。在加速培养高科技人才的同时，要防止人才外流。当前，全球正面临着激烈的人才争夺战，一些国家千方百计充分利用国际资源迅速发展自身。人才流失是最大的资源流失，科技人才的严重短缺对中国经济的发展和国际竞争力的提高都会带来严重的影响。因此，在人才待遇、管理和用人机制上做文章，允许国内同行业科技人才获得与国外同等或更多的收入，在工作和生活条件上尽力与国际接轨；允许和鼓励资本、技术等生产要素参与分配，最大限度地调动科研人员创业和创新的积极性，鼓励留学人员回国工作，采取多种形式吸引外国科学家、高技术人员到中国工作。

再次，强化和完善职业教育培训，树立终身教育理念，建立终身教育体系。创新经济时代，要提升国民的教育水平，任务空前繁重，传统的教育方式将难以胜任，强化职业教育和培训是必然趋势。要努力建立和完善适合中国当前基本国情的职业教育和培训体系。要充分考虑不同学科、不同专业及行业的发展趋势，不断重视和加强对专门技术人才的继续教育工作，建立继续教育体系，积极促进继续教育基地、教育平台和网络体系等的构建。同时，借助现代远程教育网络开设高质量的网络课程，向各行业管理人员和专业人员提供多种继续教育课程，适应高新技术快速更新、不断创新和产业化对高素质劳动者的需求，构筑终身教育体系。

最后，加快高校科技产业发展。与企业等其他创新主体相比，高校在科技、创新、信息和人才等方面都具有优势，使之成为创新资本的辐射源和生长点、创新资本重要的策源地，同时也是培育区域新的经济增长点的重要依托。高校要充分发挥自身在创新人才培养方面的优势，推动知识创新和技术创新，加快技术研究与开发，围绕经济建设中的共性关键技术开展科技专项攻关。同时还要加强产学研合作，鼓励高等学校与科研院所和企业开展多种形式的交流与合作，促进技术创新和高科技产业的融合与发展。鼓励企业在高等学校建立工程研究中心、生产力促进中心，成立专项资金等。鼓励高等学校向企业转让技术或兴办高技术企业。创造条件在高等学校周围，特别是在一些优质高等学校集中的地区建立以科技园区等为主要形式的高新技术产业化基地，最大限度地发挥其“孵化器”的功能和作用。

三、优化贸易结构和引资结构，提高创新资本溢出效应

（1）贸易结构方面。首先，优化调整出口贸易产品结构，促进贸易转型。一国（地区）出口商品结构主要是由该国（地区）产业结构决定的，因此优化中国出口商品结构需要从优化调整产业结构着手。金融危机爆发以后，我国国外市场受到极大冲击大幅萎缩，出口贸易受创为企业和政府开发国内市场、优化调整产业结构带来了契机。对于当前中国而言，要在尊重经济一般规律的条件下充分发挥政府的宏观调控能力，大力发展战略性新兴产业，积极引导产业结构优化升级，促进产业发展顺应时代潮流的发展需要，对战略性产业给予财政、税收、市场流通等方面的优惠政策和支持。其次，确立对外贸易均衡发展战略，加强与周边及新兴市场的合作。尽管受到金融危机的影响，各国贸易保护主义逐渐抬头，但经济全球化、贸易自由化的总体趋势并未改变，实行内外兼顾的竞争性协调战略是当前中国对外贸易发展的重要选择。为避免再次发生像金融危机后以美国为首的发达国家出现的消费低迷等对中国贸易产生的消极影响，中国必须实行对外贸易均衡发展战略。而从全球最终贸易产品需求来看，未来新兴市场国家、“金砖四国”的经济增长率有望超过发达经济体，因此要加强与这些国家和地区的合作。此外，借助“一带一路”发展边境贸易解决中国区域贸易失衡问题。在我国东北、西北、西南有很长的内陆边境线，通过发展边境贸易带动整个“沿边”省份发展。最后，推动外贸体制改革，为对外贸易发展提供制度支撑。要发挥进出口贸易对经济增长的促进作用，不仅依靠外部需求和内部供给，还与中国对外贸易政策及相关制度方面的改革和完善密不可分。政府卓有成效的外贸体制改革和相关制度建设

能够大大提高对外贸易促进经济增长的效率。改革开放以来，中国外经贸体制已经发生了深刻的变化，尤其是在中国加入 WTO 后，外贸体制逐步与世界贸易规则接轨，建立了统一、开放的多边贸易规则，不断完善外贸法律体系，减少贸易壁垒和行政干预；充分认识并正确看待政府在外贸管理中扮演的角色和职责，促进外贸制度向着更加公平、公正、公开、透明的方向发展。今后在对外经贸制度改革不断深化和完善的过程中，既要结合当前国内市场经济发展的需要不断改革和完善已有的规章、制度等，也要充分认清中国在全球化发展中的重要地位，结合世界贸易组织各项规则，建立和强化相关制度，形成对外贸易发展、经济增长与制度改革的良性促进机制。

（2）外商直接投资方面。首先，规范政府引资行为，树立正确的政绩观。当前，地方政府为了政绩通常在招商引资的过程中存在着严重的扭曲行为，以及单纯追求外商直接投资数量上的增长而忽视了质量问题，因此规范政府引资行为，树立正确的政绩观对地区创新资本生产和经济增长具有重要意义。一方面，要强化政府对引资质量的重视，建立政府引资行为问责制，对于违反国家相关政策的引资行为给予严厉惩罚；要对可能引进的项目的投资目的、来源地、经营方式、能耗、环保等方面听取相关专业评估机构的意见并对其可行性进行评估和判断，引进更多创新溢出效应大、能耗低、带动性强、生态资源破坏小的项目，促进区域经济的可持续发展。另一方面，提高引资政策透明度，保持政策的连续性和稳定性，加强政府部门对外商直接投资的服务，提高相关部门服务效率，简化各项投资手续，加强外商直接投资管理和引导，实现 FDI 与地区经济的良性互动。其次，加强产业政策导向，改善外商直接投资结构。当前，中国政府注重招商引资的一个重要目的就在于通过外资引进国外先进技术，促进国内经济发展，而对于外商而言，对华直接投资更加看中的是中国广大的市场潜力。因此，中国市场开放要与获得的技术相平衡才能顺利达到引进外资的目的，促进外资企业与中国企业的产业间的前后向联系是中国政府今后制定招商引资政策的重要目标。这里所说的产业间的前后向关联不仅仅局限于原材料、零部件等，更加注重在创新研发、产品创新等更高层面上的前后向关联，通过给予跨国企业一定的政策优惠、营造良好的研发环境等鼓励跨国企业将生产基地甚至研发中心转移至中国，以优化调整国内产业结构为重要目标，制定合理的产业政策，合理引导外资投资领域和方向。

四、加强国际科技交流与合作，引进国外先进创新资本

首先，完善创新、引进、消化、再创新的产学研合作机制建设。建立配套政策，落实技术引进、消化、再创新的产学研合作政策，产学研合作引进、消化、再创新项目优先立项。要充分发挥企业在产学研合作过程中的主导地位和作用。建立以企业为主导、以项目为纽带、以园区（基地）为载体、以体制机制创新为保障的产学研合作体系。努力构建优势互补、互利共赢、高效开放的产学研合作新机制，不断扩充产学研合作的内涵，拓宽合作领域和范围；通过在企业内部建立外来专家工作站的形式，以委托开发、联合开发、成果转让、股份合作、技术人员交流与培训等方式实现产学研联合创新。

其次，加强国际技术合作。建立重点技术引进目录，有重点地引进一批重大科技项目。同时，以提高自主创新能力为重要目标，有的放矢地加强与国外高水平的设计公司、咨询公司、科研机构和企业开展联合设计、联合制造和联合投标，通过国际合作提高创新资本引进、消化和再创新等方面的能力。要特别注重对高层次创新型人才的引进，加大对境外高水平专业技术人才和技术管理专家的智力引进力度，这是因为高层次创新型人才的数量与质量对于降低技术引进成本、提高技术引进的成功率起着非常重要的作用。

最后，加大对引进创新消化、再创新的财税优惠政策的支持力度。目前我国已经制定了一些引进先进创新的税收优惠政策以优化创新资本引进的质量与结构，但许多政策并未真正落到实处，因此，有必要尽快制定相关的执行政策以保障落实。要不断优化和调整创新财力资本的投入方式，通过财政贴息、投资补贴、项目补助等方式，合理引导社会资金的投向领域，逐步建立多元化、多渠道的消化吸收再创新体系。要不断完善财政科研经费绩效评价制度，逐步建立财政科研经费绩效评价指标体系与面向结

果的追踪评价机制，根据绩效评估指标和结果评价调整项目预算拨款，提高财政科研经费的使用效率。

五、合理配置创新资本投入要素，促进区域协调发展

通过前面的实证分析我们可以看出，当前创新资本已经成为影响区域经济发展的重要因素，由于我国改革开放以来实行的不均衡发展战略，加之受政策路径依赖及循环累积效应的影响，当前我国创新资本投入要素的空间分布也呈现了明显不均衡分布的特征，这也是导致当前各区域经济发展差距不断扩大的重要原因之一。因此，合理引导创新资本要素区域间的流动能够有效地缩小区域发展差距，维持社会稳定，促进协调发展。如中西部地区和东北地区要完善人才引进机制，一方面要加强高校建设，完善高校学科设置，培养全方面、多层次、高素质的人力资本；另一方面要完善人才引进机制，提高人才待遇，不仅包括工资方面，在户籍、社会保障、人才培训、子女教育等方面也要给予充分的考虑，使创新人才不仅能够吸引得来，更要留得住，从这一角度出发，可以考虑建设创新人力资本发展基金，为创新人才的培养和引进提供资金方面的保障。在市场环境建设层面，一方面要充分发挥市场机制在资源配置中的基础性作用，优化创新资本投入要素的布局及配置；另一方面也要积极促进企业、科研机构、高校和政府等创新资本生产主体之间的有机联系和分工合作，促进创新资本产出效率；另外还要充分发挥市场机制对创新人力资本的激励作用。

第八章

未来研究方向与展望

虽然笔者在本书中提出了一些观点，但依然存在一些有待进一步改进的不完善之处，创新资本、创新生产与经济增长的关系研究尚未结束，受篇幅、时间及笔者自身研究能力的限制，仍有许多问题没能进一步地展开分析和细化，有的甚至还没有进入本书的研究范围，但这不是说它们就可以被忽略。笔者认为，未来可以在以下方面进一步深化和扩展：

首先，在本书的分析中，对于创新资本的衡量延续的依然是当前使用较多的专利申请数量。需要指出的是，用专利数量衡量创新产出可能存在两方面的不足：其一，不同类型的专利所包含的技术含量不同，包含的价值也有很大差别，因而专利数量并不能完全体现专利所包含的价值，如专利主要包括发明、实用新型和外观设计三种类型，其中发明专利的技术含量最高，而实用新型和外观设计包含的技术含量则相对较低；其二，专利使持有的企业一般对市场具有一定的垄断优势，考虑到专利申请的保护期一旦结束，企业将要公布其技术，这将可能导致企业丧失市场垄断权力，因此为了保持更长时期的市场垄断优势，部分企业会考虑放弃专利申请。

其次，本章利用省际面板数据对创新资本各要素对经济增长的影响及贡献度进行了测度，但由于时间的限制，没有进一步对各省级行政单位创新资本各要素对经济增长的影响及贡献度进行分析和测度。当前中国经济发展依然不均衡，不论是从创新资本各要素投入上还是创新能力及效率等方面，各地区及省份之间仍然存在着较大的差距。进一步的分析有助于考察各地区不同创新资本要素对经济增长的影响大小，对我国不断缩小地区差距，促进区域均衡协调发展具有重要的意义。

最后，本书从实证分析中发现，排除创新影响后的全要素生产率对经济增长的作用为负向，这表明，除去物质资本投入、劳动力投入和创新资本投入后，经济系统中存在着一些阻碍经济增长的因素，但本书仅仅指出了这些因素的存在，对于究竟是哪些因素阻碍了经济的进一步增长并没有得出实质性的结论。因此，对于这一问题的进一步分析将成为笔者今后继续深入研究的方向。

附　录

附表 1　历年中国国内生产总值（当年价）　　单位：亿元

年份	国民总收入	国内生产总值
1978	3678. 7	3678. 7
1979	4100. 5	4100. 5
1980	4587. 6	4587. 6
1981	4933. 7	4935. 8
1982	5380. 5	5373. 4
1983	6043. 8	6020. 9
1984	7314. 2	7278. 5
1985	9123. 6	9098. 9
1986	10375. 4	10376. 2
1987	12166. 6	12174. 6
1988	15174. 4	15180. 4
1989	17188. 4	17179. 7
1990	18923. 3	18872. 9
1991	22050. 3	22005. 6
1992	27208. 2	27194. 5
1993	35599. 2	35673. 2
1994	48548. 2	48637. 5
1995	60356. 6	61339. 9
1996	70779. 6	71813. 6
1997	78802. 9	79715. 0

续表

年份	国民总收入	国内生产总值
1998	83817.6	85195.5
1999	89366.5	90564.4
2000	99066.1	100280.1
2001	109276.2	110863.1
2002	120480.4	121717.4
2003	136576.3	137422.0
2004	161415.4	161840.2
2005	185998.9	187318.9
2006	219028.5	219438.5
2007	270844.0	270232.3
2008	321500.5	319515.5
2009	348498.5	349081.4
2010	411265.2	413030.3
2011	484753.2	489300.6
2012	539116.5	540367.4
2013	590422.4	595244.4
2014	644791.1	643974.0
2015	686449.6	689052.1
2016	740598.7	743585.5
2017	824828.4	827121.7

附表 2 2013 年中国各省份 R&D 人员受教育程度 单位：人

	R&D 人员	其中				
		#女性	#全时人员	#博士毕业	#硕士毕业	#本科毕业
全国	5018218	1250289	3154356	287480	661250	1388171
按执行部门分						
企业	3712375	766988	2472638	36805	239189	991512

续表

	R&D 人员	其中				
		#女性	#全时人员	#博士毕业	#硕士毕业	#本科毕业
#规上工业企业	3375912	698435	2233774	30168	196698	899391
研究与开发机构	409032	133880	329293	62907	127070	147328
高等学校	715430	277034	294211	179529	267466	221423
其他	181381	72387	58214	8239	27525	27908
按地区分						
东部地区	3124633	762224	2045155	173907	373771	854071
中部地区	896790	206124	537516	42557	115397	239102
西部地区	678101	186038	387443	44366	115316	209913
东北地区	318694	95903	184242	26650	56766	85085
北京	334194	109747	242595	60068	76525	81389
天津	143667	38256	81814	8598	19475	35045
河北	136615	39810	77284	3998	18220	44455
山西	73896	19294	41323	3495	10290	18230
内蒙古	48366	14089	26909	1898	6485	15680
辽宁	154370	40841	90671	11481	22931	37135
吉林	74577	27300	36476	8002	17544	23845
黑龙江	89747	27762	57095	7167	16291	24105
上海	226829	59526	154494	22226	37955	56282
江苏	626882	142056	404738	25382	64924	209162
浙江	416010	95204	256639	13478	31641	106070
安徽	180632	37133	109197	8047	22163	52750
福建	167041	41794	104663	6360	12677	39907
江西	70928	17503	40891	2883	8075	20851
山东	409441	101483	274390	14478	43445	130601
河南	215608	47921	125546	6051	21849	56778
湖北	204682	49278	128342	13498	29167	49709
湖南	151044	34995	92217	8583	23853	40784

续表

	R&D 人员	其中				
		#女性	#全时人员	#博士毕业	#硕士毕业	#本科毕业
广东	652405	130690	441806	18387	67155	149027
广西	65783	18575	34010	4327	12079	20781
海南	11549	3658	6732	932	1754	2133
重庆	83722	21156	51574	5665	12837	26419
四川	173914	42216	100743	11719	28929	49279
贵州	36113	11588	18582	2067	5934	11969
云南	49585	15967	23322	3894	9915	15655
陕西	132570	37404	85929	8434	22488	39473
甘肃	37046	9455	21645	3142	6641	14309
青海	7322	1885	3643	415	894	1930
宁夏	14412	3926	6996	541	1760	5020
新疆	26950	9094	13127	2045	6528	8572

资料来源：根据《中国科技统计年鉴 2014》整理。

附表 3　2013 年各地区 R&D 人员及 R&D 人员全时当量投入情况

单位：人年

地区	R&D 人员全时当量	基础研究	应用研究	试验发展
全国	3532817	223192	395619	2914045
东部地区	2285449	114493	212991	1957985
中部地区	600615	34184	65491	500952
西部地区	441201	47961	80577	312669
东北地区	205552	26553	36561	142440
北京	242175	35933	59253	146991
天津	100219	5662	13864	80693
河北	89546	5043	12615	71888
山西	49035	3511	7400	38127
内蒙古	37280	2527	4192	30562

续表

地区	R&D 人员全时当量	基础研究	应用研究	试验发展
辽宁	94885	8392	15670	70824
吉林	48008	7686	12732	27591
黑龙江	62660	10476	8159	44025
上海	165755	15407	25524	124831
江苏	466159	12299	23944	429919
浙江	311042	7148	11935	291962
安徽	119342	8870	13670	96800
福建	122544	4185	9455	108904
江西	43512	2519	5467	35526
山东	279331	13597	22883	242851
河南	152252	3948	7548	140760
湖北	133061	8512	18216	106332
湖南	103414	6825	13189	83407
广东	501718	14438	32796	454484
广西	40664	5280	11366	24017
海南	6962	781	721	5460
重庆	52612	3667	6891	42054
四川	109708	11746	18989	78976
贵州	23888	3080	3070	17736
云南	28483	4802	7331	16350
西藏	1203	362	492	349
陕西	93494	8038	16740	68718
甘肃	25047	3702	5174	16171
青海	4767	758	1064	2946
宁夏	8234	1232	1140	5865
新疆	15822	2766	4129	8925

资料来源：根据《中国科技统计年鉴 2014》整理。

附表4　历年中国对外贸易发展情况（按贸易类型）单位：亿美元

年份	一般贸易		加工贸易		其他贸易	
	出口	进口	出口	进口	出口	进口
1981	208	203.66	11.31	15.04	0.79	1.5
1982	206.69	170.17	15.77	21.28	0.74	1.45
1983	201.6	187.68	20.01	24.01	0.69	2.21
1984	231.62	238.49	29.29	31.47	0.49	4.14
1985	237.3	372.72	33.16	42.74	3.04	7.04
1986	250.95	352.07	51.41	63.9	7.04	13.13
1987	296.43	287.72	81.38	95.02	16.59	49.36
1988	325.96	352.08	128.33	137.46	20.91	63.16
1989	315.52	356.14	188.04	156.78	21.84	78.48
1990	354.6	262	254.2	187.6	12.1	83.9
1991	381.2	295.4	324.3	250.3	13.6	92.2
1992	436.8	336.2	396.07	315.14	16.53	154.56
1993	432	380.45	442.36	363.6	43.04	295.55
1994	615.6	355.2	569.8	475.7	24.7	325.2
1995	713.61	433.81	737.18	583.59	37.01	303.4
1996	628.24	393.63	843.27	622.75	38.99	371.92
1997	779.74	390.3	996.02	702.06	52.14	331.34
1998	742.35	436.8	1044.54	685.99	50.22	279.58
1999	791.35	670.4	1108.82	735.78	49.14	250.81
2000	1051.81	1000.79	1376.52	925.58	63.7	324.57
2001	1118.81	1134.56	1474.34	939.74	67.83	361.23
2002	1361.87	1291.11	1799.27	1222	94.82	438.59
2003	1820.34	1877	2418.49	1629.35	143.45	621.22
2004	2436.06	2481.45	3279.7	2216.95	217.5	913.89
2005	3150.63	2796.33	4164.67	2740.12	304.23	1063.08

续表

年份	一般贸易		加工贸易		其他贸易	
	出口	进口	出口	进口	出口	进口
2006	4162.33	3330.74	5103.55	3214.72	423.81	1369.15
2007	5393.55	4286.64	6175.6	3684.74	623.2	1590.2
2008	6628.62	5720.93	6751.14	3783.77	927.17	1820.92
2009	5298.12	5344.7	5868.62	3222.91	849.37	1491.62
2010	7206.12	7692.76	7402.79	4174.82	1168.63	2094.86
2011	9170.34	10076.21	8352.84	4697.56	1460.64	2661.07
2012	9878.99	10223.86	8626.77	4812.75	1981.38	3147.43

资料来源：根据《中国科技统计年鉴 2014》整理。

附表 5　2013 年世界各主要国家进出口贸易额　　单位：亿美元

国别（地区）	进出口总额	出口总额	进口总额	国别（地区）	进出口总额	出口总额	进口总额
总计	41589.93	22090.04	19499.89	巴基斯坦	142.16	110.20	31.97
美国	5207.49	3684.06	1523.42	瑞典	137.86	67.99	69.87
中国香港	4007.01	3844.95	162.07	尼日利亚	135.89	120.43	15.47
日本	3123.78	1501.32	1622.45	新西兰	123.85	41.32	82.53
韩国	2742.38	911.65	1830.73	科威特	122.62	26.76	95.87
中国台湾	1970.39	406.34	1564.05	乌克兰	111.22	78.49	32.73
德国	1614.98	673.43	941.56	巴拿马	110.37	109.93	0.44
澳大利亚	1365.08	375.54	989.54	以色列	108.27	76.45	31.81
马来西亚	1060.83	459.31	601.53	哥伦比亚	104.46	68.26	36.20
巴西	901.95	358.95	542.99	孟加拉	103.07	97.05	6.02
俄罗斯	892.59	495.91	396.68	埃及	102.14	83.63	18.52
新加坡	758.96	458.32	300.65	缅甸	101.96	73.39	28.57
沙特阿拉伯	721.91	187.40	534.51	卡塔尔	101.74	17.11	84.63
泰国	712.41	327.18	385.23	土库曼	100.31	11.38	88.93

续表

国别（地区）	进出口总额	出口总额	进口总额	国别（地区）	进出口总额	出口总额	进口总额
荷兰	701.40	603.15	98.25	芬兰	97.37	58.32	39.06
英国	700.21	509.42	190.79	捷克	94.53	68.38	26.15
印度尼西亚	683.55	369.30	314.24	丹麦	90.87	57.11	33.76
越南	654.78	485.86	168.92	匈牙利	84.07	56.92	27.15
印度	654.03	484.32	169.70	阿尔及利亚	81.88	60.24	21.65
南非	652.19	168.31	483.88	奥地利	70.68	20.38	50.30
瑞士	595.88	35.11	560.76	爱尔兰	66.70	24.77	41.93
加拿大	544.54	292.17	252.37	朝鲜	65.58	36.30	29.28
法国	498.24	267.14	231.10	斯洛伐克	65.43	30.84	34.58
阿联酋	462.35	334.11	128.24	刚果（布）	64.91	7.79	57.12
意大利	433.26	257.53	175.74	挪威	62.05	27.37	34.68
伊朗	394.27	140.37	253.90	蒙古	59.59	24.50	35.10
墨西哥	392.05	289.66	102.38	哥斯达黎加	56.85	9.27	47.58
菲律宾	380.50	198.68	181.82	也门共和国	52.00	21.39	30.61
安哥拉	359.37	39.64	319.73	加纳	51.49	39.46	12.03
智利	338.13	131.05	207.08	吉尔吉斯斯坦	51.38	50.75	0.62
哈萨克斯坦	285.96	125.45	160.51	利比亚	48.74	28.35	20.39
比利时	254.08	155.60	98.48	乌拉圭	47.90	23.24	24.66
西班牙	249.00	189.29	59.72	乌兹别克斯坦	45.51	26.13	19.38
伊拉克	248.79	68.94	179.85	苏丹	44.98	23.98	21.00
阿曼	229.41	19.01	210.41	罗马尼亚	40.30	28.23	12.08
土耳其	222.33	177.47	44.86	葡萄牙	39.06	25.07	13.99
委内瑞拉	191.85	60.65	131.20	摩洛哥	38.03	32.72	5.31
阿根廷	148.36	87.50	60.86	赞比亚	37.78	7.30	30.48
波兰	148.07	125.75	22.32	柬埔寨	37.73	34.10	3.64
秘鲁	145.97	61.89	84.08	厄瓜多尔	37.42	29.67	7.75

资料来源：根据《中国科技统计年鉴2014》整理。

参考文献

[1] Aghion P., Fedderke J., Howitt P., C. Kularatne, N. Viegi. Testing Creative Destruction in an Opening Economy: The Case of the South African Manufacturing Industries [R]. Observatire Francais des Conjonctures Economiques (OFCE) Discussion Paper, 2008: 23.

[2] Aghion P., Howitt P. A Model of Growth through Creatibe Destruction [J]. Econometrica, 1998, 60 (3): 323-351.

[3] Aldieri L. Technological and Geographical Proximity Effects on Knowledge Spillovers: Evidence from the US Patent Citations [J]. Economics of Innovation & New Technology, 2011, 20 (6) : 597-607.

[4] Arrow Kenneth J. Methodological Individualism and Social Knowledge [J]. American Economic Review, 1962a, 84 (2): 1-9.

[5] Arrow Kenneth J. The Economic Implications of Learning by Doing [J]. Review of Economics Studies, 1962b (29): 155-173.

[6] Barro R. J., Sala-i-Martin X. Convergence across States and Regions [J]. Brookings Papers on Economic Activity, 1991 (11): 159-182.

[7] Barro R. J., Sala-i-Martin X. Convergence [J]. Journal of Political Economy, 1991 (100): 223-251.

[8] Barro R. J., Sala-i-Martin X. Regional Growth and Migration: A Japan-United States Comparison [J]. Journal of the Japanese and International Economics, 1992 (6): 312-346.

[9] Batiz R. The Effect of Foreign Direct Investment in the Presence of Increasing Returns Due to Specialization [J]. Journal of Development Economies, 1991 (34): 287-307.

[10] Bulent Guloglu, R. Baris Tekin. A Panel Causality Analysis of the Relationship among Research and Development, Innovation, and Economic Growth in High－income OECD Countries [J]. Eurasian Economic Review, 2012, 2 (1): 32-47.

[11] Chaido D. Causal Nexus between Economic Growth, Exports and Government Debt: The Case of Greece [J]. Economics and Finance, 2013 (5): 251-259.

[12] Chaido D., Emmanouil S. Foreign Direct Investments, Exports, and Economic Growth in Croatia: A Time Series Analysis [J]. Economics and Finance, 2014 (14): 181-190.

[13] Clerides Sorfnois, Saul Lach, James Tybout. Is Learing－by－Exporting Important? [R]. NBER Working Paper 5715, 1996.

[14] Coe D. T., Helpman, Hoffmaister. North－South R&D Spillovers [J]. The Economic Journal, 1997, 107 (440): 1340-1491.

[15] Cohen Wesley M., Levinthal Daniel A. Innovation and Learning: The Two Faces of R&D [J]. The Economic Journal, 1989 (99): 569-597.

[16] Connolly M. The Dual Mature of Trade: Measuring Its Impact on Imitation and Growth [J]. Journal of Development Economics, 2003 (72): 31-55.

[17] Criscuolo Chiara, Honathan E. Haskel, M. J. Slaughter. Global Engagement and the Innovation Activities of Firms [R]. NBER Working Paper, 2005.

[18] Ebru B. B., Fulya T. Research and Development: Source of Economic Growth [J]. Social and Behavioral Sciences, 2012 (58): 744-753.

[19] Edvinsson L., Sullivan P. Developing a Model from Anaging Intellectual Capital [J]. European Management Journal, 1996, 14 (14): 356-364.

[20] Escribano A., A. Fosfuri, J. A. Tribó. Managing External Knowledge Flows: The Moderating Role of Absorptive Capacity [J]. Research Policy, 2009, 38 (1).

[21] Falvey Retal. Imports, Exports, Knowledge Spillovers and Growth [J]. Economic Letters, 2004 (85): 209-213.

[22] Freeman C. The National System of Innovation in Historical Perspective [J]. Cambridge Journal of Economics, 1995, 19 (10): 5-24.

[23] Giovanni Dosi. Sources, Procedures, and Microeconomic Effects of Innovation [J]. Journal of Economic Literature, 1988, 26 (3): 1120-1171.

[24] Giuliani E., M. Bell. The Micro - Determinants of Meso - Level Learning and Innovation: Evidence From a Chilean Wine Cluster [J]. Research Policy, 2005, 34 (1).

[25] Gocer Ismet. Effects of R&D Expenditures on High Technology Exports, Balance of Foreign Trade and Economic Growth [J]. Maliye Dergisi, 2013 (165): 215-240.

[26] Griffith R., Redding S., Reenen J. V. Mapping the Two Faces of R&D: Productivity Growthin a Panel of OECD Industries [J]. The Review of Economics and Statistics, 2004, 86 (4): 883-895.

[27] Griliches Z. Issues in Assessing the Contribution of Research and Development to Productivity Growth [J]. The Bell Journal of Economics, 1979 (10): 96-112.

[28] Griliches Z., Lichtenberg E. R. Interindustry Technology Flows and Productivity Growth: A Reexamination [J]. Review of Economics and Statistics, 1984 (66): 324-329.

[29] Griliches Z. Productivity, R&D and the Data Constraint [J]. American Economic Review, 1994 (84): 1-23.

[30] Griliches Z. The Search of R&D Spillover [J]. Scandinavia Journal of Economics, 1992 (94): 29-47.

[31] Grossman Gene, Helpman E. Innovation and Growth in the Global Economy [M]. Cambridge, MA, MIT Press, 1991.

[32] Gulmez Ahmet, Yardimcioglu Faith. The Relationship between R&D Expenditures and Economic Growth in OECD Countries: Panel Cointegration and Panel Causality Analyses (1990-2010) [J]. Maliye Gergisi, 2012 (163): 335-353.

[33] Guloglu B., Tekin R. Baris. A Panel Causality Analysis of the Rela-

tionship among Research and Development, Innovation and Economic Growth in High-income OECD Countries [J]. Eurasian Economic Review, 2012, 2 (1): 32-47.

[34] Hall B. H., Mairesse J. Exploring the Relationship between R&D and Productivity in French Manufacturing Firms [J]. Journal of Econometrics, 1995 (65): 263-293.

[35] Harrison A. Openness and Growth: A Time-Series, Cross-Country Analysis for Developing Countries [J]. Journal of Development Economics, 1996 (48): 419-447.

[36] Jones C. I. R&D Based Models of Economic Growth [J]. Journal of Political Economy, 1995, 103 (4): 759-841.

[37] J. Wagner. International Form Activities and Innovation: Evidence from Knowledge Production Functions for German Firm [R]. HWWA Discussion Paper, 2006: 344.

[38] Kaldor Nicholas. A Model of Economic Growth [J]. Economic Journal, 1957 (57): 591-624.

[39] Keller W. Geographic Localization of International Technology Diffusion [J]. American Economic Review, 2002, 92 (1): 120-142.

[40] Kendall W. A., Norman P. M., Hatdield D. E., Cardinal L. A Longitudinal Study of the Impact of R&D, Patents and Product Innovation on Firm Performance [J]. Journal of Production Innovation Management, 2010 (27): 725-740.

[41] Kokko A. Foreign Direct Investment, Host Country Characteristics, and Spillovers [R]. The Economics Research Institute, 1992.

[42] Kokko A. Technology, Market Characteristics, and Spillovers [J]. Journal of Development Economics, 1994 (43): 279-293.

[43] Lawrence S. International Finacial Crises: Causes, Prevention and Cures [J]. American Economic Review, Papers and Proceedings, 2000 (90): 1-16.

[44] Lucas Robert E Jr. Lectures on Economic Growth [M]. Massachusetts.

Cambridge: Havard University Press, 2003.

[45] Lucas Robert E Jr. Making a Miracle [J]. Econemetrica, 1993 (61): 251-271.

[46] Lucas Robert E Jr. The Industrial Revolution: Past and Future [R]. Mimeo, Department of Economics, University of Chicago, 1999.

[47] Lucas Robert E Jr. Why Does't Capital Flow from Rich to Poor Countries? [J]. American Economic Revies, 1990 (80): 92-96.

[48] Lundavall B-A. National Syatem of Innovation [M]. London: Printer Publisher, 1992.

[49] Mahmoud Al-Iriani. Foreign Direct Investment and Economic Growth in the GCC Countries: A Causality Investigation Using Heterogeneous Panel Analysis [J]. Topics in Middle Eastern and North African Economies, Electronic Journal, 2007 (9): 2-31.

[50] Mariano N., Pilar Quevedo. Absorptive Capacity, Technological Opportunity, Knowledge Spillovers, and Innovative Effort [J]. Technovation, 2005, 25 (10).

[51] Mesut Savrul, Ahmet Incekara. The Effect of R&D Intensity on Innovation Performance: A Country Level Evaluation [J]. Social and Behabioral Sciences, 2015 (210): 388-396.

[52] Mohammad A., Mahmoud K. Foreign Direct Investment and Economic Growth Literature Review from 1994 to 2012 [J]. Social and Behavioral Sciences, 2014 (129): 206-213.

[53] Morgan K. The Learning Region: Institutions, Innovation and Regional Renewal [J]. Regional Studies, 1997, 31 (5): 491-503.

[54] Narula R. Understanding Absorptive Capacities in an "Innovation Systems" Context: Conquences for Economic and Employment Growth [J]. MERIT Research Menorandum Series, 2004 (3).

[55] Nordhaus W. D. Invention, Growth, and Welfare: A Theoretical Treatment of Technological Change [M]. Cambridge, Mass, 1969.

[56] Okon J., Augustin O. Jacob, Chuku A. Chuku. Foreign Direct In-

vestment and Economic Growth in Nigeria: An Analysis of the Endogenous Effects [J]. Current Research Journal of Economic Theory, 2012, 4 (3): 53-66.

[57] Pakes A., Schankerman M. Rates of Obsolescence of Knowledge, Research Gestation Lags, and the Private Rate of Return to Research Resources, in Z., Griliches (ed), R&D, Patents and Productivity [C]. Chicago: University of Chicago Press, 1984: 73-88.

[58] Pessoa A. Ideas Griven Growth: The OECD Evidence [J]. Portuguese Economic Joural, 2005 (4): 46-67.

[59] Porter M. E. The Competitive Advantage of Nation [M]. New York: The Free Press, 1990.

[60] Porter M., S. Stern. Measuring the "Idea" Production Function: Evidence from International Patent Output [R]. National Bureau of Economic Research (Cambridge, MA) Working Paper No. 7891, 2000.

[61] Romer P. M. Capital, Labor and Productivity [R]. Brookings Papers on Economic Activity, Microeconmic Special Issue, 1990b: 337-367.

[62] Romer P. M. Endogenous Technological Change [J]. Journal of Political Economy, 1990a, 98 (5): 71-102.

[63] Romer P. M. Growth Based on Increasing Returns Due to Specialization [J]. American Economic Review Papers and Proceedings, 1987, 77 (2): 56-72.

[64] Romer P. M. Implementing a National Technology Strategy with Self-Organizing Industry Investment Boards [R]. NBER Report, 1993.

[65] Romer P. M. Increasing Returns and Long Run Growth [J]. Journal of Political Economy, 1986, 94 (5): 1002-1037.

[66] Sadraoui T., Zina N. B. A Dynamic Panel Data Analysis for R&D Cooperation and Economic Growth [J]. International Journal of Foresight and Innovation Policy, 2009, 5 (4): 218-233.

[67] Samimi A. J., Alerasoul S. M. R&D and Economic Growth: New Evidence from Some Developing Countries [J]. Australian Journal of Basic and Applied Sciences, 2009, 3 (4): 3464-3469.

[68] Segerstrom P. S., Anant T., Dinopoulos E. UA Schumpeterian Model of the Product Life Cycle [J]. American Economic Review, 1990 (80): 1077-1092.

[69] Sheshinski E. Optimal Accumulation with Learning by Doing. In : Essays on the Theory of Optimal Growth [C]. Cambridge: MIT Press, 1967.

[70] Solow Robert. Technical Change and the Aggregate Production Function [J]. Review of Economic and Statistics, 1957 (39): 312-320.

[71] Stokey N. L. Human Capital, Product Quality, and Growth [J]. Quarterly Journal of Economics, 1991 (106): 587-616.

[72] Stokey N. L. Learning by Doing and the Introduction of New Goods [J]. Journal of Political Economy, 1988 (96): 701-717.

[73] Torun H. Innovation: Is the Engine for the Economic Growth? [J]. Ege University The Faculty of Economics and Administrative Sciences Economics, 2007 (4): 1-54.

[74] Uzawa H. Optimal Technical Change in an Aggregative Model of Economic Growth [J]. International Economic Review, 1965 (6): 18-31.

[75] Wolfgang Keller. Geographic Localization of International Technology Diffusion [J]. The American Economic Review, 2002, 92 (1): 120-156.

[76] Young Alwyn. Learning by Doing and the Dynamic Effects of International Trade [J]. Journal of Political Economy, 1991 (106): 369-406.

[77] Zahra S. A., G. George. Absorptive Capacity: A Review, Reconceptualization, and Extension [J]. Academy of Management Review, 2000 (27).

[78] 阿尔弗雷德·马歇尔. 经济学原理（上卷）[M]. 北京：商务印书馆，1964.

[79] 白俊红，蒋伏心. 协同创新、空间关联与区域创新绩效 [J]. 经济研究，2015 (50)：174-187.

[80] 蔡虹，孙顺成. 进口贸易技术溢出的经济效应研究 [J]. 西安交通大学学报（社会科学版），2008 (1)：25-29.

[81] 陈昌兵. 可变折旧率估计及资本存量测算 [J]. 经济研究，2014 (12)：72-85.

[82] 陈强. 高级计量经济学及 Stata 应用（第二版）[M]. 北京：高等教育出版社，2014.

[83] 仇怡，方齐云. 基于进口贸易的国际技术外溢测度与应用 [J]. 中国软科学，2005（10）：132-138.

[84] 仇怡. 改革开放以来中国研发投入的现状及国际比较（1978-2003 年）[J]. 中国经济史研究，2009（1）：62-70.

[85] 大卫·李家图. 政治经济学及赋税原理 [M]. 北京：商务印书馆，1962.

[86] 单豪杰. 中国资本存量 K 的再估算：1952~2006 年 [J]. 数量经济技术经济研究，2008（10）：17-31.

[87] 邓明，钱争鸣. 我国省际创新存量、创新生产与创新的空间溢出 [J]. 数量经济技术经济研究，2009（5）：42-53.

[88] 渡边千仞. 技术革命的计量分析 [M]. 东京：日本科连出版社，2001.

[89] 菲利普，尼达尔·沙姆洛克. 金融创新 [M]. 北京：中国人民大学出版社，2003.

[90] 符淼. 地理距离和技术外溢效应——对技术和经济集聚现象的空间计量学解释 [J]. 经济学（季刊），2009（4）：1549-1566.

[91] 高敬峰，张艳华. 中国出口中的国内增加值与要素报酬解构 [J]. 世界经济研究，2014（7）：22-27+87.

[92] 何莉. 中国地区经济增长差距中的对外贸易因素研究 [M]. 北京：经济科学出版社，2011：84.

[93] 黄茂兴，李军军. 技术选择、产业结构升级与经济增长 [J]. 经济研究，2009（7）：143-151.

[94] 黎振强. 邻近性、创新溢出与企业集群创新的微观模型分析 [J]. 湖南理工学院学报（自然科学版），2011（2）：21-26+41.

[95] 李婧，谭清美，白俊红. 中国区域创新效率及其影响因素 [J]. 中国人口·资源与环境，2009（6）：142-147.

[96] 李琳，韩宝龙. 地理与认知邻近对高技术产业集群创新影响——以我国软件产业集群为典型案例 [J]. 地理研究，2011（9）：1592-1605.

[97] 李琳，韩宝龙，高攀. 地理邻近对产业集群创新影响效应的实证研究 [J]. 中国软科学，2013（1）：167-175.

[98] 李小平，朱钟棣. 国际贸易、R&D 溢出和生产率增长 [J]. 经济研究，2006（2）：31-43.

[99] 李志宏. R&D、R&D 溢出、内生增长和内生收敛 [J]. 当代经济科学，2006（1）：1-10+124.

[100] 刘树成. 现代经济辞典 [M]. 南京：凤凰出版社，江苏人民出版社，2004.

[101] 刘志铭，申建博. 外商直接投资的技术溢出效应、影响因素与我国的政策选择 [J]. 经济纵横，2006（14）：31-34.

[102] 吕惠娟，许小平. 出口贸易对中国经济增长影响的再思考 [J]. 数量经济技术经济研究，2005（2）：136-142.

[103] 马克思恩格斯全集（第 30 卷）[M]. 北京：人民出版社，1995.

[104] 马克思恩格斯全集（第 23 卷）[M]. 北京：人民出版社，2006.

[105] 孟连，王小鲁. 对中国经济增长统计数据可信度的估计 [J]. 经济研究，2000（10）：3-13+79.

[106] 孟晓晨，刘洋，戴学珍. 中国主要省区物质资本与人力资本利用效率及投资取向 [J]. 经济地理，2005（4）：458-462.

[107] 倪泽强，汪本强. 中国省际公共物质资本存量估算：1981-2013 [J]. 经济问题探索，2016（2）：71-79.

[108] 史修松，赵曙东，吴福象. 中国区域创新效率及其空间差异研究 [J]. 数量经济技术经济研究，2009（3）：45-55.

[109] 王海兵. 人力资本、物质资本与中国全要素生产率 [D]. 山东大学博士学位论文，2015.

[110] 王庆喜，王巧娜，徐维祥. 我国高技术产业省际创新溢出：基于地理和技术邻近的分析 [J]. 经济地理，2013（5）：111-116+136.

[111] 王维国，谢兰云. 我国区域 R&D 投入与区域经济发展关系的实证研究 [J]. 财经问题研究，2009（11）：108-115.

［112］王耀中，刘舜佳．基于前后向关联分析的外商直接投资与技术外溢［J］．经济评论，2005（6）：32-35+57．

［113］吴延兵．自主研发、技术引进与生产率——基于中国地区工业的实证研究［J］．经济研究，2008（8）：51-64．

［114］吴振宇，沈利生．对外贸易对中国经济增长的影响机制研究［J］．发展研究，2008（10）：6-13．

［115］谢建国，周露昭．进口贸易、吸收能力与国际 R&D 技术溢出：中国省区面板数据的研究［J］．世界经济，2009（9）：68-81．

［116］谢兰云．我国 R&D 投入与经济增长关系的计量分析［D］．东北财经大学博士学位论文，2009．

［117］徐康宁，冯伟．基于本土市场规模的内生化产业升级：技术创新的第三条道路［J］．中国工业经济，2010（11）：58-67．

［118］亚当·斯密．国民财富的性质和原因的研究（上册）［M］．郭大力，王亚南译．北京：商务印书馆，1972．

［119］严成樑，周铭山，龚六堂．创新生产、创新与研发投资回报［J］．经济学（季刊），2010（3）：1051-1070．

［120］杨省贵，顾新．区域创新体系间创新要素流动研究［J］．科技进步与对策，2011（28）：60-64．

［121］喻美辞．进口贸易、R&D 溢出与中国制造业的就业变动［J］．国际商务研究，2010（2）：3-13+25．

［122］原小能，宋杰．外商直接投资企业的外溢效应：基于外资企业问卷调查的研究［J］．世界经济，2007（12）：13-21．

［123］约瑟夫·熊彼特．经济发展理论［M］．何畏等译．北京：商务印书馆，1990．

［124］张军，吴桂英，张吉鹏．中国省际物质资本存量估算：1952—2000［J］．经济研究，2004（10）：35-44．

［125］资本论（第 1 卷）［M］．北京：人民出版社，1975．

［126］资本论（第 3 卷）［M］．北京：人民出版社，2004．

［127］邹珊刚，苏子仪，李顺才．基于创新经济的创新测度研究——关于澳大利亚几种测度方法的评述［J］．科研管理，2001（4）：34-38．

[128] 邹武鹰，许和连，赖明勇. 出口贸易的后向链接溢出效应——基于中国制造业数据的实证研究 [J]. 数量经济技术经济研究，2007 (7)：25-34.